文化全球化解读与
跨文化交际中的文化整合探索

胡爱民 ◎ 著

吉林出版集团股份有限公司

图书在版编目（CIP）数据

文化全球化解读与跨文化交际中的文化整合探索 ／
胡爱民著. — 长春：吉林出版集团股份有限公司，
2020.6

ISBN 978-7-5581-2894-3

Ⅰ．①文… Ⅱ．①胡… Ⅲ．①文化－全球化－研究②
文化交流－研究 Ⅳ．① G11

中国版本图书馆 CIP 数据核字 (2020) 第 098583 号

文化全球化解读与跨文化交际中的文化整合探索

著　　者	胡爱民
责任编辑	王　平　白聪响
封面设计	林　吉
开　　本	787mm×1092mm　1/16
字　　数	200 千
印　　张	8.75
版　　次	2021 年 6 月第 1 版
印　　次	2021 年 6 月第 1 次印刷
出　　版	吉林出版集团股份有限公司
电　　话	总编室：010-63109269
	发行部：010-82751067
印　　刷	炫彩（天津）印刷有限责任公司

ISBN　978-7-5581-2894-3　　　　　　　　　　定价：58.00 元

前　言

　　跨文化认同是全球化进程中不同文化相互渗透、彼此交融的产物。它超越传统的文化认同观，在促进跨文化对话，建构美美与共、互惠双赢的跨文化关系中扮演着不可或缺的角色。

　　文化全球化对跨文化交际有着广泛而深刻的影响，跨文化交际教学不能回避文化全球化的趋势。为培养出适应全球化趋势发展的跨文化交际人才，必须了解跨文化交际的新特征，即文化全球化。同时，跨文化交际教学必须要有新的思路和新的特征，从而促进学科的发展和突破。因此，在跨文化交际教学中，不仅要培养学生对异国文化的认识和研究能力，也要提高学生对本族文化的学习和研究能力，让学生用世界的眼光对待文化交流和全球文化的新整合。

　　本书对文化全球化进行详细解读并结合跨文化交际中的文化整合进行系统的探讨。具体内容包括：全球化的相关问题、文化全球化时代文化发展的特征、文化与交流、跨文化研究的意义、文化全球化与旅游跨文化交流的扩散与整合、文化全球化与跨文化交际、文化全球化下文化的冲突与融合，以及文化全球化与跨文化交际中的文化整合等内容。其目的在于唤醒更多研究者和实践者对全球化语境下跨文化交际整合的新思考。

　　本书在撰写的过程中参考了大量的著作、文献及论文，汲取了前辈的智慧，在此表示衷心的感谢。由于编写水平有限，时间仓促，书中难免有不妥和错误之处，恳请广大读者批评指正。

编　者

目　录

第一章　文化全球化概述

全球化一般是指从孤立的地域国家走向国际社会的历史进程，或者是指在全球经济、文化交流迅速发展的情况下，世界各国之间的影响、合作日益加强，使人类普遍认同的经济文化模式逐渐普及推广，成为全球通行标准的趋势。

全球化首先进入经济领域，随后渗透到思想、科技、文化、政治等各个领域，日益改变着人类生活与地球面貌。人类社会呈现出相互依存和发展的局面。尽管这只是一种现象的趋势，但是，它指出了全球化最为主要的质的规定性。不管人们相信与否，理解与否，赞同与否，全球化都会按照自身发展逻辑向前推进，不会以任何人的主观意志为转移而迅速发展。

随着生产要素的全球配置，加上大众传播媒体的大力推动，不同国家与地区的各种类型的文化必然会在全球范围内发生交流和融合，各民族优秀文化在世界范围内传播和交流，从而形成文化全球化的趋势。文化全球化的实质就是全球文化的整合。文化整合是指不同文化之间的共处与整体和谐。作为文化全球化的重要内容与表现形式的文化整合，是一种全方位、多层次的整合。从主体层次来说，主要包括个体文化、集体文化与人类文化的整合；从文化性质来说，主要包括科学文化同哲学人文文化的整合；从地域上来说，主要包括东方文化与西方文化的整合；从民族属性来说，主要包括本民族文化和其他民族文化的整合；从文化内涵上来说，主要包括各个国家与民族在价值观、思维方式等方面的整合。所有这些方面的文化整合是文化全球化的组成内容，同时又是实现经济全球化的重要条件。

第一节　全球化的概念和含义

英语中的"Globalization"，意思是"全球化"或"全球性"，是来自拉丁语中的"地球"这一概念的形容词"Global"的派生词。我们所理解的"全球化"，就其根本而言，是一个既具有时间概念，又具有空间概念的术语(英文和汉文都反映了这两个层面的意思)。20世纪60年代，在国际经济、政治和文化学中，全球化的概念开始使用并逐渐规范化；到了80年代，全球化概念成为一个描述未来时代的基本概念。

一、解读全球化

（一）全球化是一种客观历史进程和趋势

著名历史学家吴于廑先生曾发表过精辟的见解：世界历史并非一开始就有，历史从封闭的区域史、地区史、国别史到统一的世界历史。这一世界历史的形成过程实际上就是全球化的过程。

15世纪末至16世纪初，世界历史出现了大变局，历史学家称为地理大发现时代或大航海时代。欧洲的航海家发现了绕过非洲好望角通往印度和中国的新航路以及美洲新大陆，标志着一个新时代的开始。人类的历史由地区（区域）史走向世界史。西方历史学家把这一标志作为划分中世纪与近代的里程碑，并非毫无道理。这一转折，最值得注意的一点，就是"全球化"初露端倪。从此，人们的活动不再局限于某一个洲，而是全球各大洲，包括新发现的美洲。人们的视野与活动所及，不再是半个地球，而是整个地球，因此称之为一个"全球化"初露端倪的时代，是毫不为过的。

19世纪下半叶，工业革命的发展，远洋轮船、铁路、电报等的出现和苏伊士运河的开通，推动了资本主义经济全球化的展开。正如马克思、恩格斯在《共产党宣言》中说："资产阶级，由于开拓了世界市场，使一切国家的生产和消费都成为世界性的了。""物质的生产是如此，精神的生产也是如此。各民族的精神产品成了公共的财产。民族的片面性和局限性日益成为不可能，于是由许多种民族的和本土的文学形成了一种世界的文学。"这里所谓的"世界性"大致有这样一些要点：近代工业革命所唤醒的巨大生产力促使以往封建的生产关系迅速解体；海陆交通的发展开拓了广阔的世界市场；新兴资产阶级的崛起及其在经济和政治上所取得的成就改变了整个欧洲各阶级力量的格局；以往封建的、宗法的价值体系受到有力的挑战，被冷酷无情的金钱关系所取代；民族的和本土的自给自足、闭关自守的状态日益成为不可能，不同民族和本土的相互交流、相互依赖不仅成为物质生产，而且成为精神生产的重要条件；在此基础上由民族的和本土的文学形成了一种"世界的文学"。需要说明的是，马克思、恩格斯这里所说的"文学"不仅指通常所说的"文学"，还更深刻地表达为"世界文化"。

20世纪最后十年，全球化的进程骤然加快。其标志是前联合国秘书长加利在1992年的联合国日致辞中用了"全球性"一词，称"第一个真正的全球性的时代已经到来了"。这是因为新科学技术革命为人类提供了新型生产力，即提供了自动化、信息化、电子化、智能化的生产力及高技术生产力，提供了高速、高效、大容量的交通运输和信息通信工具。全球化是在新科学技术革命影响下生产力发展的必然产物。当今全球化发展趋势的渗透力远远胜过当年殖民主义者的军舰、飞机、大炮，它把地球上一个又一个的"世外桃源"卷进了世界经济和文明的发展大道。当然，由于社会主义阵营的瓦解、东欧剧变和中美关系的松动，特别是起始于20世纪70年代末80年代初的一些社会主义国家和发展中国家的以市场为取向的经济体制的改革，大大加强了不同社会制度国家间的经济联系，从而在一定程度上也推动了经济全球化发展。

人类在全球范围内被联系、组织成一个有机系统，全球范围内的人类社会不再是各地区、各民族社会的集合体，而是成为具有系统性、有机性的整体；全球系统几乎成为活生生的现实，而各地区、各民族不过是全球系统中不可分离的一个组成部分。各地区、各民族的发展日益强烈地受到其他地区和国家乃至全球系统的整体状况的影响，并被深深地打上这种影响的烙印。

全球化意味着我们生活在一个有限的世界里，这世界中所有的因素相互作用，自成体系。全球化也表现在思想、时尚、电影乃至游戏中，它们从地球的一个角落传播到另一个角落。因此，全球化有它的不同侧面，它融合和重建的不仅仅是经济，更兼有思维、文化和行为的层面。

全球化是人类社会发展的必然趋势，但人们对全球化的认识大都停留在经济层面，国际货币基金组织对其定义为："全球化是指跨国商品与服务交易及国际资本流动规模和形式的增加，以及技术的广泛迅速传播使世界各国经济的相互依赖性增强。"这个关于全球化的定义明确指出了其在经济方面的特点，但它存在明显的局限性。从整体意义上看，全球化是以经济的全球化为根本动力和基础的。最初的全球化也是以经济的方式表现出来，但是我们不能因此就认为全球化就是经济的全球化。它虽然发轫于经济领域，但其影响是全方位的，其意义也绝非只是经济上的，同样存在于政治、文化等其他层面。作为流行于世界各地区的政治、经济、文化的发展趋势，也就是世界不同的民族和国家借助于先进的工具和手段，不断地超越自身活动的空间范围和既定的制度、文化等社会障碍，在全球范围内实现充分的交流、对话、协调和沟通，并在此基础上形成一种全球性的文化认同、价值认同和实践认同的发展趋势。这就是文化的全球化。

在全球化问题研究中，文化全球化是一个歧义颇多的概念。但无论如何，文化全球化的存在已经成为一个不争的事实，以经济全球化为基础的文化全球化都有深刻的文化内涵。信息技术、电讯等现代科学技术的发展使得全球范围内的文化交流更为便利，在此基础上商业文化的兴起，文化跨国公司的出现，音乐、影视、旅游等全球文化市场的形成等，都是这个意义上文化全球化的突出标志。从经济全球化的基础来看，现代经济中知识、信息越来越成为经济和财富增长的主要因素。因此，经济产品要素中就越来越包含科技知识，越来越体现人文精神。从这个意义上来说，文化全球化是全球化的内在组成部分。

全球化这一概念自 20 世纪 90 年代以来，越来越得到大众的普遍关注，并为大众传播媒体和学术界广为使用。尽管全球化到目前来说还只初见端倪，但事实告诉我们，全球化逐渐成为发展的大趋势，全球范围内物质、精神财富加速流动，全球联系扩大、深化和增强……不论人们对此如何众说纷纭，歧见丛生，全球化显然已成为人们在当代社会生活中所面临的客观实在。因此，我们必须对此加以重视。

（二）全球化是科技进步的必然结果

世界各国、各地区从来没有像今天这样如此紧密地联系在一起，人们的生活空间在不断变小，生活的内容在日益丰富，世界已经成为一个整体。在推进世界历史的全球化过程中，科学技术的发展是关键，是全球化进程的重要条件。

全球化首先在经济领域展开。经济全球化是世界新秩序与人类生活全球化的一个方面，也是最主要的方面。在很大程度上，经济全球化是科技进步的结果。

20世纪以来，科学技术的飞跃发展，极大地促进了全球化历史进程。当代科学技术主要是在两个方面推进了全球化进程：首先是通讯业与信息传播业。由于电报、电话，特别是通信卫星、数字化通讯等先进通信技术的发明与使用，电讯机构已经能提供全球性的电讯服务，使处于不同国度和不同文化背景的人们可以交流思想与情感。信息传播业的发展，特别是现代传播业的发展，使生活在地球上每一个角落的居民都可以通过电视等传播媒体成为重大历史事件的"目击者"，并可以分享不同国度与民族的精神文化产品。国际互联网的建立，使人们可以将自己的思想观念进行广泛的信息交流。另外，电子信息技术也为现代全球金融业提供了技术基础，使不同的国家在经济活动上发生了日益紧密的联系。其次，现代交通运输工具与设施的发展缩短了不同国家与地区之间的距离，使世界各地紧密地联系在一起，真正意义上的"国际化的生产格局"与"国际分工体系"的形成已成为了现实。

二、全球化的范围

全球化是一种综合的社会现象。就全球化的外延而言，它所包含的范围相当广，几乎是全方位的，举凡政治、经济、文化……都是其涵盖的范围。从一般意义上讲，它是指全球范围内展现的全方位的沟通、联系、相互影响的历史进程与趋势。从内容上看，它包括由经济全球化所引发的政治、文化、法律等诸多领域的沟通、交往和联系的加强。具体来讲，全球化包括如下内容。

（一）全球化主要涉足经济领域

一般意义上的经济全球化或经济国际化，是指由于高新科技特别是信息技术及其产业的迅猛发展，导致运输和通讯成本的大幅度降低，从而直接推动了国际贸易、跨国投资和国际金融的迅速发展以及高新科技的广泛传播，使整个世界经济空前紧密地联系在一起。经济全球化是指生产资源的配置超出民族国家的范围，在全球各个国家和地区实现优化配置，使得资本、商品、劳动力、科学技术等经济要素全球化流转，形成世界统一的市场体系。很显然，经济全球化，就其本义来讲，既包括商品市场的全球化、资本市场的全球化，也包括劳动力市场的全球化。经济的全球化实际上是资本主义经济体系对世界支配与控制的过程。

（二）政治上趋向"全球社会"

由世界各国不同的利益格局所决定，政治多极化必然是今后世界政治发展的基本趋向。但由于经济全球化的发展，各国之间的经济联系愈来愈密切，因而必然导致各国之间政治上的共同话题越来越多。在这种背景下，有的学者提出了"全球社会"的概念。20 世纪90 年代，联合国还召开了有关全球化的一系列高峰会议。为了解决全球性的问题，国际上还成立了"全球治理委员会"，治理的内容包括南北平衡、发展援助、债务减免、环境保护等等。如果加上联合国其他组织的职能，全球治理的内容就更多了，这是各国政治趋同的一个重要表现。"全球社会""全球治理"都是人类社会发展的客观趋势，它是以往历史上从未有过的新事物，给马克思主义理论研究提出了很多新的问题。

（三）文化的全球化

全球化还是一个文化概念，文化的全球化是以经济全球化为前提与依托的，是在经济全球化的发展中，由各民族文化相互碰撞和整合而产生的。文化全球化是经济全球化的一个组成部分，经济全球化具备了文化的内涵。在经济全球化和全球社会发展的过程中，各个国家和地区的文化与价值观念也相互渗透，出现了全球文化整合化，造成多元文化的和谐共处，这就是文化的全球化。文化全球化同经济全球化一样，是不可抗拒的发展趋势。但文化全球化并不像经济全球化那样，使各民族的文化走向同一。因为每个民族的文化都有自己特有的传统和个性，世界文化的发展本来是多元化的。现在是既要多元化，又要全球化，两者不是二元对立的，而是辩证统一的。多元化是全球化之内的多元化，超然于全球化之外的多元化是不存在的；全球化是在保持多元化基础上的全球化，就是通过全球各种文化交流而达成一定的共识，超然于多元化之外的全球化，也是不存在的。

（四）法律的全球化

经济全球化是以市场经济为枢纽的。由于经济的指令规制着法律的指令，所以市场经济就是法制经济。由此所决定，经济的全球化必然导致法律的全球化。法律全球化有两种表现形式：一是国内法的国际化，即在一个国家或地区的法律由于种种原因，如该国在经济、政治领域的主导地位或霸权，而在世界其他地区流行起来；二是国际法的国内化，即一些国家所参加的国际组织的规则，如世贸组织的规则、人权公约，对成员国具有法律上的约束力，国内法必须根据这些规则进行调整。主权国家做出这种选择，是有利于本国法治发展的。

总之，全球化实际上是各国之间经济、政治、文化、法律等全方位的碰撞、吸收、融合的过程。

三、全球化的本质及其历史分析

自从"全球化"问世以来，人们对全球化本质的理解一直歧见纷纷。如何正确理解全球化的真正含义与本质特征，是我们应对全球化的必要前提。

（一）全球化的本质

一般认为，全球化是通过贸易、技术创新、资金流动、信息网络与文化交流，使各国经济在世界范围内融合。各国经济通过日益增长的各类商品与劳务的广泛输送，通过国际资金的流动和技术广泛的传播，而形成相互依赖关系。但是，全球化的本质和规律性仍有待于进一步揭示。

关于全球化本质的论争，主要观点有：

（1）认为全球化的本质是资本主义化。由于全球化是一个大于任何一个单个国家资本和服从全球统一规则制度的全球性市场经济的形成，所以，全球化是资本主义制度向全世界的规模和深度的扩展，全球化经济本质上就是一种资本主义经济。

（2）认为全球化的本质是资本国际化。从本质上说，全球化是指以实现少数人利益为目的的资本征服世界的现象与过程：经济全球化是以跨国公司为驱动力的，是资本力求"夺得整个地球作为它的市场"的主要表现；趋势加快使世界经济中不确定与不稳定性因素增加。

（3）认为全球化的性质是中性的。如果把全球化的本质看作是资本主义生产关系的全球化与把全球化的负面效应看作是资本主义生产方式的恶果，那么，这种看法十分容易造成我们对全球化的恐惧。

以上几种观点从不同的视角对全球化的本质进行了解释，应当说都有正确的成分，其共同缺陷是从静态的角度来考察全球化的本质。实际上，全球化是一种动态的和历史的过程，是一种矛盾的、复杂的现实运动，是时间与空间互动的过程，是政治、经济和文化不平衡发展的过程。

（二）全球化本质的历史分析

首先，在历史上，全球化的本质是资本主义主导的单一全球化。从很大程度上说，全球化是资本主义与生俱来的产物。有人把全球化追溯到15世纪，认为地理大发现推动了西欧对外贸易的发展，人类的商业活动第一次具有全球化的性质。从15世纪至18世纪中叶，资本主义在欧洲处于发育阶段，还不能产生真正意义上的全球化。真正意义上的全球化，确切地说是开始于18世纪中叶的工业革命。工业革命导致了资本的扩张与社会化大生产的猛进，人类由此踏上了全球化之路。

历史从狭隘的、地域性的和民族的历史转变成为世界的历史是由资本主义开辟的。资本主义开辟了"世界历史"，实质上是资本的扩张本性的外在表现。到19世纪至20世纪初，整个世界资本主义的宗主国划分为殖民地与半殖民地。资本主义发展中产生的政治、经济发展不平衡规律和由此产生的资本主义国家的矛盾与冲突，正是两次世界大战爆发的大背景。两次世界大战摧毁了人类最美好的幻想。从全球化的视角来看，两次世界大战标志着资本主义主导的全球化的"中断"与历史性的"倒退"，这是资本主义的全球化的内在矛盾与冲突集中的、主要的体现。

两次世界大战暂时"中断"了资本主义主导的全球化进程。第二次世界大战结束之后，资本主义的全球化继续发展。在新科技革命的推动下，资本主义的生产力得到了飞速的发展，经济增长的速度超过了任何一个时期。在国际方面，西方资本主义国家之间建立了一种开放的国际经济体制，国家资本主义成长为全球垄断资本主义，成为资本主义垄断最为重要的表现形态。尤其是冷战结束之后，全球垄断资本主义经济出现了新现象与新特点：以信息技术和生物技术为中心的高科技掀起了新高潮。因此，从近期来看，资本主义主导的全球化的势头仍然将呈现扩张之势。

其次，当下全球化的本质是多元全球化。20世纪上半叶，社会主义国家的崛起，极大地冲击了资本主义全球体系。通过考察全球化的历史进程，可以了解到由资本主义所主导的全球化已形成了一个比较完整的资本主义世界体系，这个世界体系分为"中心"和"外围"国家，使国际关系分为宗主国与殖民地的关系。从全球化的视角看，社会主义制度建立的重大意义是开启了一种不同于资本主义所主导的全球化。资本主义所主导的全球化和社会主义所试图导引的全球化进行竞争，是20世纪全球化的重要特点。

20世纪80年代以来，中国社会主义市场经济的实践作为前所未有的伟大实践，成为全球化进程的重要组成部分。在新世纪之初，中国加入了WTO，意味着融入了世界经济全球化进程，这就动摇了西方在全球化中的霸主地位，中国也在很大程度上参与了全球化规则的制定，从而增强了社会主义在平等地融入全球化进程中讨价还价的能力。社会主义即将成为全球化的一支重要力量。社会主义的参与作为全球化正面效应的重要特征，会导致全球化的发展越来越指向多元化。

最后，未来全球化的本质是社会主义导航的全球化。全球化作为一个历史进程，是国家历史向世界历史转变的一个重要环节。从前面的论述来看，虽然全球化源于资本主义，但资本主义控制不了全球化这一世界性潮流。资本主义把它的矛盾扩展到地球的每一个角落，从而引发了深层的社会冲突与危机。资本主义所主导的全球化使世界不得安宁，全球化在全球范围内造成了两极分化的现实。尤其是数字技给投资者与技术拥有者带来了数不清的"数字红利"，但这个数字却让世界增添了新的"数字鸿沟"。利益分配严重不均的状况将会加剧发达资本主义国家与不发达国家之间的矛盾，进而影响世界和平。从目前看，资本主义主导的全球化处在体系性扩张和转型的时刻，资本的体系是十分脆弱的。这一点，在全球金融体系的危机中暴露无遗了。全球自由市场只有10年的历史，但包含了危险的不平衡现象。

从本质上说，全球化的发展是与资本主义制度相冲突的，只是人类还没有创造出充分的条件。全球垄断资本主义作为一种成熟的社会形态，它在对自身进行完善的同时，也将为另一种更高级的社会形态所代替。社会主义主导的全球化的必然性正在于此。从未来的视角看，全球化的本质是社会主义全球化；但是，由于目前社会主义国家较之发达资本主义国家不论在数量还是在经济发展水平方面尚处于弱势，这决定了社会主义全球化本质的实现是一个客观的历史发展过程。

四、全球化的基本内容

全球化在经济领域和政治、文化领域的发展具有不平衡的特点，但全球化的基本内容明显地体现在以下几个方面。

（一）经济全球化

经济全球化是全球化的主要内容，是指各种生产要素在世界范围内的自由流动来实现生产要素的最优配置，最终形成市场全球化的过程。其基本内容主要有：（1）生产的全球化。20世纪以来，受科技革命与信息技术推动，各种生产要素跨国配置，在全球范围内的国际分工进一步细化与体系化，极大地推动了生产的国际化。（2）金融的全球化。受市场需求和投资利益驱动，货币在发行国以外流通。国际金融资本的高速流动促进了国际贸易的增长与各国经济的发展，使经济全球化的进程不断加速发展。（3）世界性市场的形成。当代世界市场成为名副其实的全球性统一大市场，其重要特点是国内市场的国际化。其重要标志就是世界交易规模的扩大、市场规则的统一、市场组织的调节、市场结构的全球包容与市场交易的全球快速发展。

（二）政治的全球化

政治全球化实质上是一个全球政治协作化的历史过程，主要表现为政治行为的全球协作。由于全球化进程的发展与诸如环境、国际犯罪和恐怖主义等的出现，各国政府所面临与关注的共同问题，需要政府之间协商对话才能解决。这是政治全球化的重要内容。其次是法律全球化与政策的全球协作。随着世界统一大市场的形成，各国在一些法律上需要在全球范围内实现充分的交流，彼此互相借鉴与吸收优秀的法律成果，向在法律理念、价值观、执法标准和原则等方面达成共识的方向发展。

（三）文化的全球化

随着生产要素的全球配置，加上大众传播媒体的大力推动，不同国家与地区的各种类型的文化之间必然会在全球范围内发生交流和融合，各民族优秀文化在世界范围内传播和交流，从而形成文化全球化的趋势。

文化全球化的实质就是全球文化的整合。文化整合是指不同文化之间的共处和整体和谐。作为全球化的重要内容与表现形式的文化整合是一种全方位、多层次的整合。从主体层次来说，主要包括个体文化与集体文化和人类文化的整合；从文化性质来说，主要包括科学文化同哲学人文文化的整合；从地域上来说，主要包括东方文化与西方文化的整合；从民族属性来说，主要包括本民族文化和其他民族文化的整合；从文化内涵上来说，主要包括各个国家与民族在价值观、思维方式等方面的整合。所有这些方面的文化整合是文化全球化的组成内容，同时又是实现经济全球化的重要条件。

五、全球化的主要特点

（一）全面开放性

世界发展进程的主要特点呈现出向全球整体开放型演变。在以农为本的时代，自给自足的自然经济把人类社会分割成各个民族区域。资本主义工业的发展打破了这种封闭状态，西方工业国家凭借自己的优势，向世界各个地区扩张，打开了闭关自守的农本国家的门户，促使自然经济与专制制度的转变。对于发展中国家来说，资本主义国家所主导的经济全球化的开放性，在很大程度上是被动的、被强加的。越来越多的国家主动走出自我封闭与孤立状态，打开国门对外开放和实施外向型发展战略。

（二）客观必然性

全球化是一个不以人们意志为转移的客观的历史发展过程。从根本上说，经济全球化是社会生产力与科技发展的客观要求与必然趋势。社会生产力的发展造成了社会分工的普遍化，造就了社会交往的普遍化。资本主义的生产方式冲破了民族国家之间的壁垒，发展成为了世界性趋势。先进技术的应用，社会化的大工业完全依赖于世界市场和国际分工。随着经济领域交往的日益普遍化，必然带来政治领域与文化领域交往的普遍化。

（三）历史动态性

全球化是漫长的、动态的历史过程，全球化发展是无止境的。

目前，全球化已经经历了三个发展阶段：从17世纪至19世纪60年代，这是全球化的起步阶段。由于美洲的发现，世界市场的开辟和以蒸汽机的发明使用为中心的技术革命的兴起，生产和消费开始成为世界性趋势。从19世纪70年代到20世纪40年代，这是全球化的正式形成阶段。由于电力、汽车、飞机等方面的产业革命的兴起，推动了世界经济不平衡发展，新老资本主义大国重新分割世界殖民地市场，殖民地经济"变成了世界金融资本活动中的环节"，全球化趋势就明显地表现出来了。这一时期出现借贷资本的全球化，世界上产生了跨越国界筹资、国际债券等等。资本主义国家对外经济关系的特点是以资本输出为主。这是全球化正式形成的重要标志。20世纪40年代中期以来，是全球化加速发展的重要阶段。西方国家建立了全球性的经济组织，同时，西方发达国家中的众多跨国公司与跨国集团开拓了全球性的市场。微电子、光纤通信和互联网等技术进一步使全球经济实现了网络化，从而形成了信息传播全球化、科技和产业梯度扩散全球化。目前，全球化呈现出向深度与广度加速发展的重要趋势。

（四）全方位性

随着技术创新、知识应用与国际经济、科技的交流日益增多，经济全球化已成为不争的事实。在此基础上，随着世界多极化的曲折发展与各国政治、文化的交流日益增多，出现了全方位的全球化趋势，呈现出经济、政治、文化全球化的整体互动的新景观。当代全球化的发展使当今世界任何国与国或地区与地区之间的矛盾和冲突都必须在国际背景下才能得以解决。

六、全球化的利弊

要探讨全球化的利弊问题，首先应搞清楚利弊所指的主体。全球化使科学技术成果推广到落后的国家与地区，促使资本在世界各地安家落户，从客观上来说，可以加速社会发展的进程。所以，全球化对经济落后的国家是一种机遇，也是一种挑战。全球化过程给发展中国家带来效益，可以利用世界各地的资源为本国服务；同时，也可引进利用外国资本为本国的现代化建设服务，利用自己的优势换取自己急需的商品、新的技术成果和可以借鉴的生产管理经验等。所以，全球化给经济落后国家带来了希望和期盼。

但是，目前所通行的全球化规则是资本主义大国为了自身利益的最大化而制定的，发展中国家只能处于一种被支配的地位，为了生存不得不按照规则行事，受制于西方大国，甚至沦为西方大国剥夺的对象。

第二节　文化全球化的含义及其界定

在学术界，文化全球化是一个有争议的命题。全球化这一概念本身具有很多不确切的含义，文化也是一个意义众多的词汇。科学地界定文化全球化有助于我们全面认识与把握全球化，从而推动我国改革开放的深入开展。

一、关于文化全球化的几种看法

一种观点认为文化全球化是同质化与异质化同时进行的过程，或是全球化与本土化的并行。这种观点认为全球化也是一个异质化的过程，强调世界化并不是一元化，而是只有在追求多元化时才有其真正的价值。

文化同质论，是指一种共同的或者单一的文化的形成。这种观点沿用工业社会趋同论的思路，把文化全球化看作是经济全球化的结果，主张由于经济、科技等方面的发展，当今的文化变化的方向趋于均一，文化差异的重要性将与日俱减。

文化冲突论否认文化全球化的存在。这种观点认为世界历史的发展将强化文明间的差异与冲突，所以必须用区域化来对抗，以捍卫与保护西方文明。

目前，世界文化发展出现了新的变化，以往的理论已不能够解释这种事实。文化全球化话语和理论是对全球文化关系的不断变化的结构的回应，同时也是把握这些变化的一种新的认识上的需要。

二、文化全球化及其层次分析

文化全球化是从全球化派生来的。在全球化的众多理解与界定中，有两点尤其突出：其一，在不同程度上，认同人类社会生活趋同化。如谈到全球化，自觉不自觉地承认经济一体化，而一体化本身就是一个认同共性的概念；其二，强调全球化的超国家性与整体性，把全球化看作是当代人类社会生活跨越国家与地区界限，在全球范围内展现的全方位沟通、相互影响的客观进程。这是一种最高层次的抽象，它抛弃了对全球化的政治、文化、制度、意识形态等视角的限定。

上述两点能够成为赞同文化全球化的理由，又能成为反对文化全球化的依据。赞同者认为全球化是全方位的、多层次的，全球化包含着文化的全球化。假如只承认经济全球化而排斥文化全球化，那么就违背了基本逻辑，因为经济、政治、文化是共生的。反对者认为，文化这一概念建立在人与人之间不同的前提下。因此，从任何意义上说，文化全球化都根本不能成立。反对者把文化全球化完全等同于文化的同质化，而文化的同质化有悖于文化的基本内涵。反对者认同的全球化只是经济的全球化，或者有限地承认政治的全球化。

经济的全球化是一个不争事实。根据马克思主义的基本观点，经济是基础，政治与文化是上层建筑。经济基础变化了，必然导致政治与文化上层建筑的相应调整与变革。今天，既然人们已经目睹经济全球化的历史进程，并日益普遍感受到经济的全球化，那么，就不能无视文化全球化的冲击。如果不限定于文化只是异质文化，如果不简单地把文化的全球化理解为同质化，如果不夹杂意识形态的政治的忧虑，从理论本质与逻辑的规定性上讲，有经济的全球化，就会有相应的文化的全球化。换句话说，文化的全球化这一理论命题是完全成立的。

（一）文化的全球化倾向于文化的同质化

文化全球化的内涵是文化的同质化或者趋同化。众所周知，文化的全球化是相对于经济、政治的全球化而言的，它是狭义上的文化，主要指价值、观念、伦理的全球化。这涉及是否承认人类文化的共性的问题。坚持文化异质论与个性论的人，自然不承认人类文化的共性，文化全球化的反对者绝大多数属于此列。众所周知，文化的异质性与多样性是毋庸置疑的现实，世界上几千个民族与近两百个国家的存在就是明证，但这并不等于文化就只能是植根于不同民族与国家的异质文化。从更宏观的历史时段来看，从文明类型来看，是存在人类共同文化的。

人类文化的同质性涉及两个方面。首先，文化的内容和认同表现出一致性。只有在出现共同文化内容并且对这一内容产生共识时，文化主体的转换才可能最终变为现实。一致的文化内容和认同对于文化同质性有更根本的意义。因为，出现同样的文化内容，并为不同的文化主体予以认可，那么，即便新的文化主体尚未产生，在某些领域、问题、现象上，不同文化主体也会达成共识，表现出某种程度的文化趋同。而这种共识文化正是文化的全球化，如全球意识、网络文化、生态文化、消费文化、大众文化、现代化理念等都是现实存在着的文化观念。这些观念或植根于全球化、网络化浪潮，或本身就是现代化进程中的产物，或产生于全球问题的客观推动中。总之，这些现象是全球性的，引起世界各民族、国家的关注与共鸣，并表现出文化的同质性。文化的同质化也是一个历史的范畴与过程，其合理性是有前提条件的。全球意识、网络文化与生态文化代表着人类文化的未来。现代化理念至今也是绝大多数国家与民族追求的理念，但是今天正在受到批判性审视。消费文化有其合理性一面，并且是文化全球化的显著内容之一，但其负面影响已是不争的事实。

其次，文化的主体是人类整体。过去，人们习惯于把文化的主体定位于民族和国家，他们看到的只是异彩缤纷的多元文化、异质文化。但是，如果改变一下这种思维定式，把人类作为一个整体来审视文化现象，就难以否认文化的共同性。比如，当代人类面临的生态、环境、人口、毒品等等日益严峻的全球性问题，其载体不是孤立的国家，而是整个人类。要解决这些问题，靠各国孤军作战无济于事，它要求整体的认同与行动。于是，全球意识、全球观念就应运而生，这种新观念与新意识无疑体现出文化的同质性。

同理，人与自然关系的紧张，把人作为一个整体凸显出来。所以生态文化登上历史舞台，成为当代人类的文化共识。可见，在很大程度上，文化主体的转换决定着文化的性质。换句话说，有什么样的文化主体就会有什么样的文化内容、形式。迄今为止，世界不同国家、不同民族的历史主要记载的是各个国家、民族、社群在不同的地域和空间繁衍生存的历史。随着人类文明的进步，封闭生存的状态逐渐被打破，各民族、各国之间的交往增多。但由于人类整体性意识十分淡薄，这在客观上决定了人们对文化的理解与认同主要局限于民族、国家文化。今天，由于全球化的推动，人类整体性昭然于世，文化主体开始了划时代转换，开始迈出超越国家、民族主体的步伐，走向人类主体。

（二）文化的全球化与文化的技民化

文化的全球化表现为文化的同质化，也表现为文化的殖民化。文化的殖民化主要指凭借在当代国际社会中的经济、政治主导地位，某些西方发达国家，自觉或不自觉地强行推销自己的文化制品与价值观念，以便在文化与思想上影响、同化他国的文化现象。

推行文化殖民主义的国家是原殖民体系中的宗主国，而被动接受强势文化的国家常常是原来的殖民地与半殖民地国家。所以，文化的全球化在形式上有殖民之嫌。从这方面去理解，文化殖民主义又常常被等同于文化帝国主义。它是殖民态度与行为过程的一种延续类型，或者是在全球资本主义之内现在仍在持续运转的经济关系的体系所导致的种种作为与后果。文化的殖民化过程是文化的全球化过程，只是这种文化全球化以强势文化排斥弱势文化为特征。

推行文化殖民的目的，是为了获取国家的现实经济、政治、文化利益，是为了确立价值、观念的文化主导权，以便按自己的意愿与生活准则重新塑造世界。在文化殖民意义上的文化全球化是文化主体间不平等的文化交往，是国际旧秩序的主要表现之一。因此，这种文化全球化是必须予以反对的。

（三）文化的全球化与文化的一体化

文化全球化是不同文化在全球范围内的碰撞，强调文化表现领域的全球性，不同文化碰撞的全球性，而不是自然进行的同质化，更不是强制推行的殖民化。当代文化的发展与演变是在"全球场"中进行的。不同社群、民族和国家的文化不是封闭的，它们是在"全球场"中展现的。相应的，社群主义、民族主义与国家主义的观念则发生对话。不同文化的这种全球性互动是新科技革命的产物，并以信息的网络化为基本特征。

文化的全球互动要求我们关注不同文化在"全球场"中的相互影响。这种影响也可能导致本民族的文化为其他民族所认同，但是，更多的是相互区别着的文化的自我张扬，即这种影响的目的是追求文化的独特性。从这种意义上说，文化的全球化指对独特的东西的认同和寻求，同时也是指人类社会对独特性的关注。可见，文化的全球化是一种同质化与异质化并举的过程与现象。

三、全球化文化的特性

文化全球化是指在"融合"与"互异"的同时作用下，世界上的一切文化以各种方式在全球范围内的流动。文化全球化过程中形成的文化共同体便是"全球化文化"。对全球化文化特性的认识也就是对文化全球化的把握。

首先，全球化文化是建立在文化主体——人的基础上的文化，而不是建立在土地疆域划分基础上的一种文化。每个民族的文化就是该民族在其所生成环境中产生的。同时，随着社会的扩大与日益复杂，文化的差异更加明显。由于个体的不同，同一社会的成员间存在着文化差异，而不同的民族、不同的国家也可能有着同样的文化观。由于人与人之间存在着差异与依存关系，人的神圣性与普遍性成为能维持人类共同性与一致性的文化理念，如在世界范围内"民主"被接受。但这并不意味着全球化文化会因这些理想而统一，因为在不同的国家与地区处于不断本土化的进程之中，这些文化理想呈现出极大的差异性。"全球化文化"中的"全球"强调一个广大的人群概念，而不是一个狭隘的地域概念。

其次，全球化文化不是某一种文化（美国文化或中国文化）的垄断，也不是指世界上的主要文化（儒家文化或西方文化），而是包括一切文化的整合体。当今世界存在着多元文化，在世界融合的过程中，每一种文化为了维护各自的特征与认同不可避免地会发生冲突，产生多种多样的抵抗。这些矛盾与冲突不是表现为某一两种文化的对抗与冲突，也不只是与主要文化有关，如"日本化"对韩国的威胁要比"美国化"大得多。所谓"文化圈"，如"基督教文化圈"，从某种程度上来说只是制造了文化间的"壁垒"，形成更大范围的文化垄断。

再次，全球化文化是一种动态的文化形态。它主要表现为世界范围内各个文化群体间思想、意识形态的相互融通。一方面，全球的文化交流空前频繁；另一方面，解决全球问题的需要促使全球意识的形成。由于全球问题关涉整个人类的共同命运，人们越来越意识到，应在承认国际社会存在共同利益、人类文化现象具有共同性的基础上，超越社会制度和意识形态的分歧，克服民族、国家和集团的限制，从全球的角度去考察和认识社会生活与历史现象。这便形成了全球意识。全球意识在广义上包括生态环境意识和求同存异意识，表现为规范、价值观等方面的广泛共享，以及在世界一切文化之间进行的双边和多边的文化对话、沟通、交流。意识形态的渗透是这种流动中主要的内容。目前，全球化意识形态流动中，主要是"自由""民主""平等"等价值观念的流动。

最后，全球化文化不否定世界强势文化与弱势文化的差别，也不否定发达国家与落后国家在文化方面的对立。全球化文化是多向文化流动而产生的多元化、多重组合形式，相应的，不同的流动方式就有不同的文化存在场所。因此，从这种意义上说，全球化文化是一多种文化的复合体，是多样化基础上的一体化。在相互的交流中，各种文化的地位应该是平等的，应充分发扬所有文化的优点。

目前，作为全球化趋势的重要组成部分和独立的表现形式，文化全球化进程横向扩展和纵向深入，不同国家、民族、集团和个人超越了地域的隔阂进行着信息交流、知识传播、科技运用和文化交融，但同时也伴随着不同文化之间的矛盾、冲突和斗争。这种现实景观和趋势构成了丰富多彩的全球化文化浪潮。

文化全球化趋势已经体现出了鲜明的现实特征。第一，冲突性。多种文化展示自身的特色和魅力，争取自己的发言权和影响能力。文化全球化是一个相互竞争、相互矛盾且相互冲突的动态过程。"文明的冲突"正在冲击着各国人们原有的思想意识、审美情趣和文化偏好。第二，渗透性。文化全球化蕴含的文化使融合和冲突深深地渗透于人们的生活方式、信息传媒、社会环境和交往方式中，鲜明地体现在人们生活风格和工作方式上，强烈地塑造、改造着人们的行为规则和心理状况，增加人们理想信仰、目标追求和价值判断的内容。第三，开放性。文化全球化趋势借助于高新科技和经济全球化的迅猛发展，进行着跨地域、跨民族的开放式的文化交流和信息传递。在全球化浪潮中，地理界线趋于淡化和模糊。第四，多样性。文化全球化在相互联系和交往中扩大了多元文化存在的意义，甚至在一定程度上促进了差异性的产生和扩大。文化全球化浪潮的开放状况为各个民族展示自己的文化生活、意识形态、思想观念和文学艺术等提供了广阔的平台。

第三节　文化全球化的内容、动力与后果

对文化全球化，可谓众说纷纭。考察文化全球化的内容、动力和后果，有利于我们进一步深刻理解和准确把握文化全球化的本质。

一、文化全球化的内容与意义

（一）文化全球化的主要内容

文化全球化这个概念主要包括历史进程、战略图谋等几个层次的内容。

首先，全球意识的形成历史过程。全球的文化交流日益频繁，同时，解决全球问题的客观需要促使全球意识的形成。全球问题涉及整个人类的共同命运，在承认国际社会存在共同利益、人类文化现象具有共同性的基础上，人们应超越社会制度与意识形态的分歧，克服民族和国家与集团的限制，从全球的角度去认识社会生活与客观的历史现象，于是，形成了全球意识。从广义上讲，全球意识主要包括生态环境意识与求同存异意识，主要表现为规范、价值观等方面的认同和广泛共识，及在世界一切文化之间进行的双边与多边的文化对话与交流。

其次，西方文化扩张的战略图谋。长期以来，西方国家一直主张用西方的价值观念来改变世界。当今，这种图谋更多地采用了具有时代特色的新形式。为了把非西方文化纳入自己的文化体系，在冷战结束后，以美国为代表的西方国家调整战略，推行文化扩张，建构以自己为中心的文化霸权。美国加强推广西方政治价值观，用人权的招牌干涉别国内政；同时，实施所谓的"知识产权战略"，来确保自己在当代科技竞争中拥有优势。

最后，消费文化盛行。消费文化全球盛行是其主线，尽管文化全球化的实际发展进程是错综复杂的。与消费文化盛行相关的两个基本特征是文化的商品化与大众文化的兴起。地球日益变"小"了的客观现实再加上西方文化扩张的强烈欲望，使文化产品的生产与消费的全球化成为可能。兴起于西方的文化工业，迅速波及第三世界。由于第三世界文化生产力水平相对十分落后，西方就成为全球的文化产品的生产工厂，欠发达国家则成为巨大的消费群与西方文化的倾销市场。由于在第三世界国家内部，新兴的文化工业竭尽全力地模仿与追随西方文化工业的操作模式，结果，使精英文化、主流文化面临外来西方文化与内部大众文化的双重挑战；也由于西方国家在经济、技术、科学和规范等方面的先发的优势，在文化全球化的客观进程中，浸透着西方文化扩张的强烈主观图谋，使全球化的方向是单向多于双向或多向，使文化全球化的客观的演进过程在某种程度上成为资本主义文化的新扩张。

（二）文化全球化的意义

有学者指出，20 世纪是一个世界性的"战国时代"，21 世纪中，一个个分裂的文化集团联合起来，将会形成一个文化共同体，一个多元化的一体化的国际社会，而我们的文化就是在这种形成过程中的一种文化形态。这个形成的过程，就是所谓的"文化全球化"。"文化全球化"的提出具有重大的现实意义与深远的历史意义。"文化全球化"的提出拓宽了文化分类的范围。

"文化全球化"的提出有助于我们认清狭隘的民族文化保护主义与殖民主义。"文化全球化"的提出符合当今世界的发展变化，并对我们的社会主义现代化建设事业有着现实的指导意义。

二、文化全球化的根源与动力

（一）动力之源

在《共产党宣言》中，马克思、恩格斯曾预见资本追逐利润的需要会有力地推动世界市场的形成、生产与消费的世界性，以及各国家民族间相互依赖的增强，随之而来的是精神生产的世界性。

全球化的必然趋势是由资本扩张的本性决定的。正是由于资本主义进入全球化时代，才能解释文化全球化的根源。当代资本主义第一次接近成为一种世界体系，资本主义第一次真正渗透到生活的每一个领域。

由于冷战的告终，形成政治因素与军事因素在国际关系中的作用相对下降而文化因素的作用地位上升的契机。如今的文化不再是曲高和寡的纯粹精神的东西，已成为有利可图的商品，文化工业成为最赚钱的行业之一，文化成为"眼前的时髦货"。文化商品的全球倾销，可以带来高额的利润；同时，通过西方生活方式、价值观念的传播，能在其他领域为西方带来更多的、长期的利益。正是资本对于利润的无限制的追逐，使它从经济领域渗透至文化领域，进而推动文化全球化进程。

（二）信息技术发展促进了文化全球化

信息技术的发展使文化全球化从可能变为现实。技术的发展成为理解现时代特征的物质基础。

假如没有现代复制技术、远程通信技术，就不可能有现代传媒，就没有文化产品的批量生产，也就不可能有文化工业的迅速崛起。信息高速公路也是文化扩张的高速公路。"数字化生存"使文化可以挣脱一切时间与空间的限制与"原子"的束缚，发展于更为广阔的世界，接触更为广泛的人群。信息技术的发展为文化全球化提供物质技术基础，同时改变了知识的性质，使之呈现为后现代状态。由于电脑的逐步完善，导致了知识的外在化、商品化。知识成为世界各国竞争的重要杠杆，主权主义采取了信息和知识霸权的新形式。这种后现代的知识状况是信息时代的特有特点。

从根本上看，信息技术革命是资本主义发展的逻辑使然。马克思、恩格斯作过精辟的分析。他们认为，资产阶级除非使生产工具革命化，从而使生产关系和全部社会关系不断地革命化，否则就不能生存下去："生产关系的不断变革，一切社会状况不停地动荡，永远的不安定和变动，这就是资产阶级时代不同于过去一切时代的地方。一切固定的僵化的关系以及与之相适应的素被尊崇的观念和见解都被消除了，一切新形成的关系等不到固定下来就陈旧了。一切等级的和固定的东西都烟消云散了，一切神圣的东西都被亵渎了。然而，固定不变的是资本扩张的欲望，资本的扩张促进生产工具、生产力的不断变革，又导致了社会关系和社会文化等诸方面的剧烈变动。信息技术是生产工具变革的一个新阶段而已，信息时代并不是一个崭新的时代。"①

三、文化全球化的后果

就目前的全球化表现形式看，尚不能做出结论说这是一个正确过程，值得支持、促进。事实上，由于全球化所产生的众多问题，由于它带来的人们不希望看到的后果，全球化已引起人们的严肃思考。文化全球化给人们带来的也是忧多于喜。

首先，文化全球化导致的直接后果是引起文化认同危机。迄今为止，全球化进程与西方价值观尤其是美国文化对世界其他地区的渗透同时并进，牛仔裤、肥皂剧、可口可乐、好莱坞电影差不多被带到世界上的每一个角落，娱乐节目已经模式化，就连国际新闻也深受其影响，非西方文化的基础被严重削弱了。由于许多地方输入西方文化，结果出现了文化的混乱，主要表现为暴力的嗜好、道德的冷漠、传统的破裂和认识到属于"落后"社会而产生的心理痛苦等等。文化的侵略扩张使发展中国家的社会变得极度脆弱，同时也使欧洲社会在保持它们本身的社会价值观、文化认同、语言与对信息传播控制方面，面临更大的困难。总之，今天经历的文化全球化道路与百年前的殖民化过程一样，正在趋于破坏各个社会的古老的传统文化，抹杀各民族文化自身的文化特征。

其次，文化全球化招致了激烈的文化冲突。强行推进的文化全球化，引起其他文化体系的反抗。有人预言，非西方社会面对西方文化的攻势将回归本土文化，如伊斯兰世界对西方文化的反应，东亚社会将经济增长归功于他们自己的文化等。同时，在一定条件下，文化主权的对抗会发展成为公开的政治主权的争执。这正是冷战后民族主义与原教旨主义兴起及许多地区性冲突的主要诱因。本土主义从一个极端走向另一个极端，不加分析地把本土固有文化奉为"国粹"。在如此偏激的心态指导下，只能激化文化间的冲突，同时又阻碍本土文化的健康发展。

最后，从文化自身发展角度看，文化全球化还对精英文化的生存、发展构成极大威胁。

---

① 《马克思恩格斯选集》第 1 卷，人民出版社 1995 年版，第 275 页。

在文化全球化的大潮的冲击下，文化生产走向市场化已是无法逆转的趋势。文化只有成为商品进入市场才能被关注，不能适应市场化需求的文化产品，必将面临被淘汰或被边缘化的命运。这些事实导致不容乐观的现象，物质利益原则占了主导地位，"启蒙""审美"纷纷让位于"娱乐""效益"，以"混杂拼贴（Pastiche）"为特征的文化商品充斥市场；同时，部分人文知识分子放弃原有追求，转向生产取悦于大众的甚至低级无聊的文化商品。对精英文化而言，生存还是死亡已成为一个问题。

当然，只看到文化全球化造成的种种消极后果，是有失偏颇的，同时应该承认文化全球化进程客观上起到的积极作用。

在挑战各民族文化的同时，文化全球化也给予了它们发展的新机遇。当下，全球各文化体系相互开放、交流与融合的广度和深度都达到前所未有的程度。文化全球化促使人们回头反省精英文化自身的问题，重新审视原有文化的发展的评判标准。这提供了更为广阔、更为宽容的多元化空间，有利于文化的健康发展。

从总体上看，当下的文化全球化进程没有带来一个更加和谐文明的美好世界，反而引发了更多的文化间的冲突。这阻碍了人类文化共识的形成，同时也造成新的冷战意识，给世界和平与发展蒙上了层层阴影。

只有建立在平等对话基础上的双赢、双利的文化全球化进程才是合理可行的，目前的文化全球化进程必须扭转。但是，客观地说，如果不能从根本上改变政治、经济不合理的旧秩序，文化秩序的合理化进程只能是纸上谈兵，真正意义上的文化全球化仍旧是一个梦想，仍有漫长的路途要走。

四、文化全球化对我们的启示

作为发展中国家之一的中国，文化全球化对我们有很多有益的启示。首先，要自觉顺应社会主义市场经济规律，运用新的机制大力推进中国特色的社会主义文化的跨越式发展。在文化全球化与社会主义市场经济条件下，文化建设与经济建设的关系越来越紧密。不能顽固地坚持精英文化与大众文化的对立，不能人为地夸大两者的界限，从而使精英文化与市场的距离越来越远，这只能导致精英文化艺术生产的衰微。

其次，经济实力乃至科技、军事等综合国力是文化发展的强大根基。西方文化霸权的确立离不开经济、科技、军事等方面积累的先发的优势。面对文化全球化的严峻的挑战，除了仍应把立足点放在经济建设上外，我们更要重视科教兴国战略的实施，更要切实搞好国家创新体系的建设，从各个方面增强自身的综合国力。

第四节　文化全球化的倾向、现实与对策

伴随着经济全球化的进一步深入发展，文化全球化也日益发展。如何认识文化全球化成为一个重要的问题。

一、文化全球化的倾向

（一）通讯与传媒的信息化和网络化，使文化具有全球化的倾向

电子计算机和互联网的发展，跨越了民族和国家的界限，把世界连成一体，极大地促进了文化传播和交往，影响和改变了人们的文化消费观念和模式，使文化全球化成为不可阻挡的趋势。如果说，农业时代以犁和手推磨为特征，工业时代以发动机为特征，信息时代则是以计算机和网络为特征。以互联网为标志的信息革命，使人们可以通过网络实现信息的交流与共享。交往的网络化和虚拟化，使人们的精神生活和文化生活实现了全球互联与沟通。这是人类交往活动的一次伟大革命。现代世界信息系统每天跨越时空向不同的国度和地区传播林林总总的文化信息，不管你意识到与否，每天早晨人们睁开眼睛实际上面对的是整个世界。现代信息系统网络了人们的视觉和听觉器官，从而把整个世界联系在一起，使人们真正成为世界的一员。

（二）市场化使文化具有全球化的倾向

生产国际化、贸易自由化、金融一体化，是文化全球化的重要条件。马克思、恩格斯在《共产党宣言》中就说过，由于开拓了世界市场，使一切国家的生产和消费都成为世界性的。过去那种地方的与民族的自给自足和闭关自守的状态，被各民族的各方面的互相往来和各方面的互相依赖所替代。物质的生产是如此，精神的生产也是如此。各民族的精神产品成了公共财产，于是由民族的或地方的文学形成了一种世界的文学。从马克思、恩格斯的论述中可以清晰地看出，经济全球化将导致文化的全球化。

二、文化全球化的现实

文化全球化的发展，有利于不同文化间的交流与融合，同时也会造成不同文化的冲突。不同的文化有融合，融合中有冲突，冲突中有融合。

（一）文化冲突与融合的关系日益复杂化

冷战时期许多熟悉的范式已经过时，以两极对抗为特征的时代结束，世界向多极化方向发展。有学者认为，当今世界文化的格局大体是：西方欧美主要是基督教文化，中亚、

阿拉伯地区主要是伊斯兰教文化，东方主要是儒教文化；未来国际政治斗争的主线，主要不是军事冲突、意识形态的冲突，而是文化的冲突、文明的冲突。具体地说，就是以基督教为主的西方文明与以儒教为主的东方文明、伊斯兰教为主的阿拉伯文明的冲突，西方文明尤为需要警惕和防范儒教文明和伊斯兰文明的联合。他们还认为，全球政治的主要冲突将发生在不同文明的国家和集团之间，文明的冲突将主宰全球，文明之间的断层线将是未来的战争线。总之，随着后冷战时代的到来，国际政治斗争的中心已转到西方文明和非西方文明之间的相互作用上。在这个时期，文明的历史作用比民族、国家更大，以文化和文明来划分民族和国家，远比按政治、经济制度和经济发展水平来划分更有意义。

进入后冷战时代之后，影响世界局势的因素除了政治、经济、军事之外，文化的作用日益突出。这是一个不容忽视的现实。但是，在看到文化差异、文化冲突的同时，也要看到不同文化之间的融合和沟通，文化差异与文化冲突恰恰是文化交流、文化融合的前提。未来多元文化发展的主流和趋势应当是文化交融。当然，文化的冲突是客观存在的，有时甚至是比较尖锐的。但总的趋向，还是在冲突中走向融合，可以取长补短，共存共荣，圆融通达，和而不同。

（二）文化全球化使价值趋同与价值分裂的二重化

20世纪90年代，有学者把西方人对东方文化的偏见和固定模式称为"东方主义"；也有学者对"帝国霸权的强势文化"进行了抨击，认为第三世界的文化作为"边缘话语"正受着居于中心地位的西方话语的"后殖民统治"。也有学者主张历史终结论，认为就价值观而言，历史的发展已经终结了。当然，历史进程中还会出现问题，但是这些问题都可以在资本主义现有价值系统中得以解决，因此历史终结了。历史终结论是从西方中心论出发，维护西方中心话语和主流文化的地位。就价值趋同与价值分裂而言，历史终结论是立足于价值趋同，而"东方主义"则是着眼于价值分裂。

随着高科技特别是传媒与网络的迅速发展，文化的认同性日益取代了意识形态的差异性。由"全球化"带来的不同国家和民族生活方式、文化习俗、道德观念的接近与趋同是可能的，也是现实的。同时，由于宗教传统、文化习惯、价值观念上的鸿沟难以弥合，不同文化与文明之间的差异所造成的裂痕亦有扩大的可能。一方面，全球价值趋同；另一方面，回归民族传统，复兴民族文化，实现民族自我认同。一方面是文化的多样性和差异性被同质化，另一方面是文化的交流、综合与新的多样性的出现。所有这些相反的历史进程使全球化与本土化的矛盾日益突出，全球化与本土化的矛盾，已成为当代社会发展的最基本问题。未来世界文化的发展将取决于两者的互动关系。

全球化的后果之一是形成了中心与边缘的对立，发达的中心成为全球化的发源地，容易产生文化霸权主义；不发达的边缘则成为民族主义的发源地，容易导致地方文化保守主义。如何处理好全球化趋同与民族角色自我认同的关系，对于发展中国家来说，确实是一个世纪性难题。先发内生的现代化国家处于强势文化和中心话语的地位，而后发外生的前现代化国家则处于弱势文化和边缘话语的地位。一方面，你不进入主流，只能永远居于落后的边缘；另一方面，由于全球化时代的语言霸权已经确立，游戏规则也已经制定，因而在进入主流和中心的过程中，就可能不得不受制于人。全球化为当代中国的社会和文化发展提供了机遇，中国应当融入其中而不是游离其外，这是毫无疑问的；但同时，务必把握全球化进程中的"趋利避害"和"有选择进入"原则，这一点也是不可忽略的。

在当代文化发展中，价值趋同与价值分裂的关系，在很大程度上体现为全球化与本土化。这一直令人十分关注。就物质层面来说，可以全球化甚至完全全球化，比如说超市、连锁店、高速公路、五星级饭店。但是，从精神层面来看，就要复杂得多。作为民族文化核心的民族特性和价值观，既有扩大认同的可能，又有被边缘化的可能。

全球化本质上意味着对一切民族性和地方性的否定，全球化的进程与结果将不可避免地削弱一切民族国家的文化向心力和凝聚力。在全球化进程中，发展中国家在得到经济实惠的同时，却要承受文化上的失势与失衡。在与发达国家缩小经济差距的同时，却可能在文化方面导致价值认同危机，面临所谓集体记忆丧失的"失语症"尴尬境地。

三、文化全球化的对策

当今世界，文化全球化的进程在明显加快。对此，我们应当如何应对？

（一）在文化发展中，既要反对文化霸权主义又要避免文化保守主义

文化全球化，应该是多元文化互动的全球化，而不是什么全世界整齐划一、强令他人接受唯一价值观的"全球化"。当然，我们注意到，西方发达国家依赖经济的强大，在全球化中推行文化霸权，使其价值观念和文化精神得到张扬，成为中心和强势文化，使弱势民族及其文化有进一步"边缘化"的危险。全球化对弱势文化的冲击是很强烈的。反全球化的声浪之所以连绵不绝，就在于对全球化的批评中，除了对全球化加剧贫富悬殊、社会分裂、环境灾难的不满以外，还表现在对民族文化和传统在全球化时代生存与延续的焦虑，从而提出了"谁的全球化"的问题。因此，对任何民族来说，文化的自主权都是务必充分注意的。

中国有着悠久的历史，在两千多年前，中国先秦思想家孔子就提出了"君子和而不同"的思想，和谐而又不千篇一律，不同而又不相互冲突。和谐以共生共长，不同以相辅相成。和而不同，是社会事物和社会关系发展的一条重要规律，也是人们处世行事应该遵循的准则，是人类各种文明发展的真谛。大千世界，丰富多彩。国家之间、民族之间、地区之间，存在这样那样的不同和差别是正常的，也可以说是必然的。世界各种文明、社会制度和文明模式应该相互交流和相互借鉴，在和平竞争中取长补短，在求同存异中共同发展。

在文化全球化的进程中，既要坚决反对文化霸权主义，又要注意避免文化保守主义。面对世界局势的变动和中国现代化进程中的矛盾，文化保守主义者主张回归传统，复兴儒学。有人认为中国的出路就在于儒学的复兴，甚至认为21世纪就是儒学的世纪。这种观点，

或多或少有些偏颇。儒学本质上是农业文明的产物，它是与皇权政治、小农经济相生相伴的，与今天的工业文明在总体上是尖锐冲突的。儒学的整体结构随着其赖以生存的社会经济基础和政治制度的瓦解、崩溃而遭到破坏是必然的。儒家文化整体结构的破坏表明它作为一个完整的文化形态对现代社会发生根本作用已不可能。当然，其局部功能并未完全丧失，也就是说，它在现代化建设中还可以发挥一些作用，如儒家文化的重义、重诚信，集体主义的价值取向。对于现代化进程中出现的一些问题，儒家文化中的某些因素具有一定的遏制负效应的纠偏作用。但这并不意味着重新肯定其总体作用的积极性。

儒学作为多元文化中的一元，在多元文化的背景下，以其特有的人文价值在未来人类文化建构中扮演重要角色，尤其是在遏止唯科学主义、物质主义泛滥方面做出其他文明所不可替代的特殊贡献。

（二）继承传统文化，坚持自主创新

中华民族具有悠久的历史和优良的传统。中华民族文化对于凝聚和团结全国各族人民起着重要的纽带和基础作用。如以人为本、讲究诚信、强调和谐、重视教育、倡导德治等，在当今中国的改革开放和文化建设中，仍然是可以借鉴的资源。继承优秀的中国传统文化，其中最重要的就是继承、培育和弘扬民族精神。江泽民总书记在党的十六大报告中着重论述了民族精神问题，强调要把培育和弘扬民族精神作为文化建设的一个极为重要的任务。民族精神是民族文化的深层内涵，是历史性和时代性的有机统一，是激励和凝聚全国人民的重要力量。一个民族没有振奋的民族精神，没有高尚的民族品格，没有坚定的民族志向，不可能自立于世界民族之林。中华民族在数千年发展中形成了独具魅力的民族精神，其内容十分丰富。其中最突出的就是团结统一、爱好和平、勤劳勇敢、自强不息的精神。大力弘扬民族精神，对于增强民族自尊心、自信心、自豪感，使全国人民始终保持奋发有为、昂扬向上的精神状态，实现中华民族的伟大复兴，具有特别重要的意义。

要应对文化全球化的冲击，最重要的是进行文化自主创新，不断增强有中国特色社会主义文化的吸引力和感召力。要立足于改革开放和社会主义现代化建设实践，着眼于世界科学文化发展前沿，进行文化创新。要把中国社会主义文化建设同世界大势和时代主题结合起来，始终立于时代文化大潮的前列。任何一种优秀文化传统，只有与时俱进，不断扬弃与更新，才能永葆青春与活力。因此，既不能抱残守缺、故步自封，又不能全盘照搬、食洋不化，一定要紧跟时代的步伐，以我们正在做的事情为中心，用历史的眼光、开放的意识、平和的心态和宽容的精神，借鉴与吸收人类创造的一切有益的文明成果，丰富和发展自己，创造既富有民族优良传统、又有鲜明的时代精神，既立足中国大地、又面向世界，既正视国情现实、又放眼未来的新文化。这种新文化，在现阶段就是有中国特色社会主义的文化。社会主义现代化应该有繁荣的经济，也应该有繁荣的文化。有中国特色社会主义的文化，渊源于中华民族五千年的文明史，又植根于有中国特色社会主义的实践，具有鲜明的时代特征。它反映我国社会主义经济与政治的基本特征，又对经济和政治发展起重大

作用。有中国特色的社会主义文化，就是以马克思主义为指导，以培养有理想、有道德、有文化、有纪律的公民为目标，发展面向现代化、面向世界、面向未来的民族的科学的大众的社会主义文化。

当今世界激烈的综合国力竞争，不仅包括经济实力、科技实力、国防实力等方面的竞争，也包括文化方面的竞争。全球化引起了世界上各种思想文化的相互激荡，有吸纳又有排斥，有融合又有斗争，有渗透又有抵御。总体上处于弱势地位的广大发展中国家，不但在经济发展上面临严峻挑战，在文化发展上也面临严峻挑战。保持和发展本民族文化的优良传统，大力弘扬民族精神，同时实现文化的与时俱进和开拓创新，是关系广大发展中国家前途和命运的重大问题。在当代中国的文化建设中，继承与创新是统一的。继承是基础，创新是生命，两者不可偏废。

（三）在文化交往中拿来主义与送去主义并重

应对文化全球化，需要提高两个能力：吸纳外来文化的能力，向外输出民族文化的能力。国内不少学者认为，现在拿来主义是重视了，但是送去主义则不够重视。中国文化只有走出去，才能更好地发展自己。只有进入对方文化而非征服对方文化，中国文化的现代转型才有可能。今天，中国正在大量吸收西方文化，而西方并没有大量吸收中国文化。自然界中的水由高处往低处流，社会中强势文化就似高处的水。文化帝国主义和文化霸权主义是文化全球化中不平衡性的表现。这种不平衡现象在经济生活中也很普遍。我们并不因此拒绝经济全球化，那么，又为何要拒绝文化全球化呢？只有自觉融入文化全球化，中国文化才能真正得到发展。不进入世界文化发展主流，看起来暂时避免了矛盾，但是从长远看，只有落后与灭亡，别无他途。我们承认与正视文化全球化中的不平衡现象，并不等于说它是正常的，更不等于说它是永恒的。我们应当努力改变这种情况。加强中国文化对外输出能力已是当务之急，我们应当做出不懈的努力。

在现代社会中，文化的内涵越来越丰富，文化的作用越来越大。从历史的发展来看，如果说 20 世纪上半叶的主流是军事竞赛，20 世纪下半叶的主流是经济竞争，那么，21 世纪的主流可能是文化的竞赛。文化的碰撞、交流、融合对人类的作用，可能超越军事、政治、经济、意识形态乃至民族与国家。一个人的思想风貌、精神境界、道德情操、认识水平、智慧程度、创新能力，一个民族的灵魂与脊梁，一个社会的秩序、公正和良知，一个国家的文明程度和进取精神，一个时代的变革力量、开拓勇气、知识积淀和道德素养等，都是文化及其作用所形成的结果，都是文化用自己神秘而万能的"雕刀"所精心雕塑出来的精神形象，道德形象、智慧形象与文明形象都是文化的造化与赐予。我们应当以全球化为背景和观照，加强文化建设的自觉性与责任心，在与不同文化和文明的交流对话中，建设中国特色社会主义的新文化。

第二章　文化全球化时代文化发展的特征

20世纪90年代以来，全球化作为当代社会生活的重要特征已日益引起人们的关注，全球化融合的不仅仅是经济，而且对文化产生了巨大的影响。文化全球化与经济、政治、社会的全球化一样，都是全球化这一历史进程的组成部分，文化全球化是经济全球化发展不可避免的逻辑结果，文化全球化并不等同于文化的同质化，而是由经济全球化过程所决定的、以文化传播技术为媒介的、以不同文化在全球层面上的大规模交流与互动为内涵的世界文化发展过程。但到目前为止的全球化进程，始终是以西方世界尤其是以美国为主导的，特别是文化的全球化，某种程度上就是西方国家的法律规则、国家制度、政治理念、哲学思想与价值观念在世界各地的推行。西方文化作为一种强势文化，在世界文化的多样性发展中占据着主流和中心地位，对其他文化形态的产生和发展造成了不平等、不均衡的信息流动和环境。它在全球的发展实际上是一种"独语"，而不是交流和对话，阻碍了世界文化的多样性发展。在文化全球化的大环境下，世界的文化开始出现多样性与统一性相互结合的特点，文化开始作为一种消费、一种产业出现，改变了传统文化的意义和内涵。

第一节　文化全球化的时代特征

全球化是不是就是经济的全球化？仁者见仁，智者见智。未来全球化开始的状况应该是政治多极化和文化的多样化，换句话说，经济全球化是客观存在的大趋势。其实，全球化内涵中首先包括的就是全球经济、政治、文化的整体化、关联化、互动化。全球经济、政治、文化的一体化和同质化，只是全球化的最终和最高表现形式。经济的发展到了一定的发达程度，具备一定的社会条件之后，必然要冲破国家和地域的限制，展现出某种世界性。与经济全球化同时进行的是政治和文化的全球化。

全球化作为超越国家和跨越民族界限的概念，其内容宽泛。就文化的本质而言，它是人类在实践活动中所创造的精神财富和物质财富的总和，本身是一个复杂的系统。因此，很难给文化全球化下一个准确的定义。一般认为，文化全球化是人类创造的文化资源在全球范围内的配置，是文化的国际化、世界化、多样化，是不同民族文化之间相互交流、激荡、融合的过程。就其内容而言，主要包括以下三个方面：

第一，文化全球化是指在平等交流条件下不同文化传统之间的"趋同、融合、接近"。

这种趋同、融合是各民族的文化走出本土、走向世界的过程，是各个民族的文化在一些问题上达成一致的认识，找到得以交流与融合的交汇点，形成"观念共识"或"成果共享"。

第二，文化全球化也是相互激荡的不同文化保持相对的独立性和民族性，走向多样化的过程。民族性是一个民族文化自身最基本的东西，如果失去了它就会丧失本民族文化得以存活的根基，没有各种各样的民族文化也就无法形成文化全球化。

第三，文化全球化还是一个求同存异的过程。一种文化只有主动与其他文化交流，为自己的民族文化不断增加养分，去掉不足，才能够成为先进的文化，才能够在国际文化体系中得到更多文化的认同，这也是全球化时代对文化品格的要求。

一、文化全球化成因

文化全球化的存在是事实。考察它的成因，我们认为，文化全球化不是一个突变结果，而是一个渐变的过程，它是20世纪整个世界经济社会发展、政治斗争共同作用的结果。

（一）文化全球化是经济全球化的有机组成部分

它随着经济全球化而产生与发展，是经济全球化的归宿。全球化的形成与资本主义生产方式在世界的扩张有着紧密的联系。加拿大学者基蒙·瓦拉斯卡斯基曾经描述道："现版的全球化始于15世纪的航海大发现，到17世纪末和18世纪，重商主义者把治国平天下变成实施经济政策的精巧艺术。后来他们遭到自由贸易者的反对，主张国家干预经济的重商主义同亚当·斯密及其门徒的经济自由主义之间的理论之争在整个19世纪从未停止过。19世纪末，我们今人称作全球化的状态确已实现了，只不过版本低些罢了。尽管诸殖民帝国以国家为中心奉行新重商主义，将世界分成彼此竞争的贸易区，全球的商品市场还是融为一体。[①]

瓦拉斯卡斯基描述的全球化只是商品市场的一体化，还不是全球化完整的形态。相比之下，马克思、恩格斯的论述更具概括性、客观性。马克思、恩格斯提出了"世界历史"理论，指出资本扩张是全球化的原动力。马克思认为，对资本的欲求将"驱使资产阶级奔走于全球各地。它必须到处落户，到处开发、到处建立联系"。"资产阶级，由于开拓了世界市场，使一切国家的生产和消费都成为世界性的了"，不仅如此，"过去那种地方的和民族的自给自足和闭关自守状态，被各民族的各方面的互相往来和各方面的互相依赖所代替了。物质的生产是如此，精神的生产也是如此。各民族的精神产品成了公共的财产。民族的片面性和局限性日益成为不可能，于是由许多种民族的和地方的文学形成了一种世界的文学"。[②]在马克思、恩格斯看来，随着物质生产的发展，精神的生产经历了地域文化——突破地域限制文化——世界文化的发展过程，这个过程是破和立、冲突和融合并存的过程，各国、各民族的文化最终将交融形成一种人类共有的财富和资源，即产生"全球文化"，

① 基蒙·瓦拉斯卡斯基：《全球化与大舞台》，《国际社会科学杂志》2000年第12期。
② 《马克思恩格斯选集》第1卷，人民出版社1995年版，第276页

文化全球化是一个过程，全球文化是结果。

（二）冷战结束，文化对全趋缓

冷战结束后，以意识形态对立为表象的文化对垒趋缓，在巨大变动冲击下的人们接受西方文化以填补真空。1991 年 12 月 21 日，苏联解体，宣告冷战时代的结束。在此之前，文化全球化的进程就已经开始，但由于社会主义阵营和资本主义阵营的对立，"文化全球化"更多的是资本主义或社会主义阵营内部的文化交融，是"文化区域化"。冷战结束后，社会主义发展出现低潮，西方文化乘虚而入，填补了这一时期的文化真空。另外，冷战的结束使国际关系发生了新的变化：首先是由两极向多极的变化，在现实中存在美国一极与世界多极的斗争；其次是文化由"配角"向"主角"的变化，随着冷战的结束，原来存在于阵营间的政治斗争、军备竞赛不再突出，政治因素和军事因素在国际关系中的作用下降，为文化因素作用的上升提供了契机，也为一些商人找到了新的经济增长点。"铁幕"的去除，为西方商人们提供了广阔的市场，文化商人们带着他们的商品来到曾经陌生、敌对的国度，在获得商业利益的同时，充当了文化传播的工具。

（三）信息技术的发展为文化全球化提供了物质保障，也使文化全球化具有客观现实性

首先，互联网使文化传播的方式发生了质的变化，既冲破了时间、空间的限制，也打破了民族、种族的隔阂，在虚拟空间自由流动。其次，信息技术促进了文化产业的发展。文化产业是文化全球化的重要基础之一，假若没有现代信息、通信技术，就不可能出现覆盖面如此之广、影响力如此之大的现代传媒，文化产业也就无从谈起。最后，信息技术的发展，从根本上改变了知识的性质，知识成为世界权力竞争的赌注。利奥塔在《后现代状况》中指出，随着电脑的发明和逐步完善，知识的本性也随之改变，即导致了知识的外在化、商品化和知识分子道德淡漠化。信息商品形式的知识成为世界权力竞争的重要赌注，由此，霸权主义采取了信息霸权、知识霸权的新形式。西方国家借助经济全球化提供的物质条件，利用经济活动、信息技术和国际互联网在文化上进行扩张，向他国输出生活方式、价值观念、政治制度，以期在文化特别是在意识形态上影响他国，实现西方文化全球化。与以往的、有限的跨地区以及跨越文明的文化交流不同的是，"文化全球化"不仅指各种文化交换和交流的强度、速度的空前增加，在更深层的意义上，文化全球化正在改变本土文化、地方文化得以生产和再生产的环境和手段。

二、文化全球化的时代特征

文化全球化既是经济全球化在文化领域内的深层反映与体现，也是经济全球化的必然结果。文化全球化主要是指世界上各个国家各个民族之间通过文化交流、文化借鉴、文化渗透以及文化互补，最终不断突破本民族文化的地域及内容限制而走向世界，实现各个国

家、各个民族之间文化融合的过程。文化全球化有以下特征。

（一）文化全球化是一种"文化侵入"

这主要表现为经济发达国家把自己的文化价值观念加以普世化。这些国家在经济上占据统治地位的同时图把适用于本民族国家的文化价值观念推广到其他国家，实现经济、政治以及文化上的统一。从这个意义上讲，文化全球化往往表现为经济发达的西方国家的文化侵入化过程。这种情况在 20 世纪中期以后表现得较为明显。

冷战结束以后，以美国为代表的西方国家不断调整自己的战略，建立文化霸权，推行文化扩张，力图把非西方文化纳入到自身的文化体系内，以实现在战场上无法获得的东西。于是，这些国家在经济交流、经济援助的同时极力推行文化交流以及文化合作，推行自己的文化价值观念，从而实现本国的战略意图。为此，阿里夫·德里克曾一针见血地指出："全球化作为一种话语似乎变得越来越普遍，但是对它的最热情的宣传是来自旧的权力中心，尤其是来自美国，因而实际上更加剧了对霸权企图的怀疑。"①

（二）文化全球化也是本土文化逐渐彰显其价值的过程

一方面，文化全球化常常导致经济发达国家对经济欠发达国家的文化侵入；另一方面，文化全球化并不排斥本土化，它是建立在本土化基础之上的全球化。因为，不同的民族有不同的价值观，即使同一个民族的社会成员由于个体的差异也会有不同的文化观念，这使得文化全球化与本土化必然能够同时得到发展。

（三）文化全球化是一个不断变化的过程

因为文化本身就是随着人类社会的变迁而不断地进行传播。在工业革命之前，不同地域、不同类型的文化交流就已发生，只不过受生产力发展的限制，空间上的传播相对有限，在时间上的流动周期也比较长。但是，随着工业革命发展，商业、航海业和陆路交通得到了巨大的发展，这缩短了国家与国家、民族与民族乃至人与人之间的距离，文化交流相对频繁。20 世纪以来，文化之间的交流与融合的趋势日益明显。

三、文化全球化的发展趋势

文化全球化是一个长期的、不均衡的复杂过程。我们认为，文化全球化的发展趋势呈双向路径，即全球文化和民族文化同时发展、相互促进，全球文化在民族文化的基础上聚合，本民族文化也要汲取其他民族的文化精华不断推陈出新。

（一）文化全球化将最终形成一个现实生活层面上的"全球文化"

不同民族、国家、地区的文化将在文化全球化进程中得到融合。衣俊卿、工学东等学者认为："文化是个人和集体组织起来并从时间和空间上建立认同概念的中介。当人们把

---

① 《文化全球化的形成及其后果》，www.soloo.cn。

文化的主体定位于社群、民族、国家的时候，他们所看到的只能是多元文化、异质文化；但是当人们把文化现象定位于人类主体的时候，文化的共同性就是难以否认的命题。文化同质化所定位的文化主体是人类整体，它在文化的维度上反映了人类存在的"类"本性。[①]

（二）文化全球化进程中，各民族文化在理想性层面的差异将继续存在[②]

文化同质化是有限的，不具有一种文化完全吞噬另一种文化的可能性。王南堤认为，文化可分为实用性文化和理想性文化。全球化对于两个层面的文化的影响是不同的，应当把两个文化层面分拆开来，分别地考察它们与经济、政治全球化的关系，分别地考察它们在知识经济时代中的命运。"知识经济时代人们之间交往的高度全球化，将不可避免地要导致实用性文化的全球化，亦即导致实用性文化层面上各民族文化汇合成一种普遍的全球性文化；而在理想性层面上，各民族文化则可能通过'返本开新'而保留下来，形成一种诸多色彩各异的文化理想缤纷杂陈、争奇斗艳的亮丽景观。同质化的限度就体现在它不能完全实现全球文化一体化，与人们生活密切相关的实用性文化趋同，而民族文化的最核心部分即理想性文化部分则会保持个性。这不仅是可能的，而且在某种意义上也有其必然性或强制性。"[③]

承认理想层面上的民族文化的保留，亦即承认了全球化进程中的文化异质化。"文化内部异质性的存在及其相互挑战、相互对话和相互激荡，才能使文化本身保持活力。"[④]全球化是以不同的文化为基础，如果失去了这个基础，文化全球化就无从谈起。异质文化是推动文化全球化的主要动力，因为文化全球化本身是一个文化变迁过程。文化系统内部的逻辑一致不可能发展出文化变迁的理论，不可能对文化维持和变迁的动力机制作出有效的分析和解释。

从哲学的角度看，正是不同文化之间的差异、撞击促使了文化的发展。文化的异质化主要是就文化形式而言的，各种文化形式上的特点根深蒂固，文化分歧的消失永远不可能成为现实。而对以西方文化为主导的文化全球化进程，非西方文化竭力强调本土文化的价值，捍卫民族文化的独特性。但在此要防止文化孤立主义和文化相对主义。

过分强调异质，反对文化对话和沟通，只能导致文化上的封闭性和排他性，最终扼杀文化发展的生机。对于文化的异质性，我们在理论上要有清醒的认识，实践上更要有"取长补短"的勇气。

（三）文化全球化是一个历史过程

文化全球化将是一个长期、复杂的过程，也是一个双向侵入的过程，即同质性与异

---

① 衣俊卿等著：《20世纪的文化批判》，中央编译出版社2003年版，第102页。

② 巨东红：《文化全球化的成因及其发展趋势探析》，http：//ww.hbSky58.net。

③ 王南缇、刘悦笛著：《复调文化时代的来临——市场社会下中国社会文化的走势》，河北人民出版社2002年版，第326、327、332页。

④ 王学东：《文化全球化及其论争的再思考》，《理论与现代化》2002年第5期。

质性共存、一体化与多元化并进。从实现的途径上考察，文化全球化有两条路径，一条是世界文化民族化，另一条是民族文化世界化。在相当长的时间内，由于文化势差现象的存在，高层次文化还将继续影响低层次文化，西方文化的优势不可能在短时期消除。但不同的文化，只要有其适合的土壤，其中对社会进步有贡献的部分将被广泛地接受，不断被吸收、融入民族文化之中。在历史的长河中，总有一些文化兴起，一些文化消失，只有那些既保留自身的文化身份，又不断从世界先进文化中汲取营养进行发展、创新的文化才能长存不衰。

事实证明，21 世纪是一个多元文化并存的世纪。中国文化如何应对文化全球化的挑战？我们认为，中国文化要积极投入全球化的大潮，不能因为其带来的消极影响，就拒绝全球化。中国参与全球化进程实际上不是愿意不愿意的问题，而是选择什么样的方式、采取什么样的策略的问题。中国文化要在抵制西方文化霸权的同时，吸收一切外来文化的精华，发展创新，进行文化体制改革，繁荣新文化，普及中华民族优秀传统文化教育，使中国文化深入人心，成为中国人安身立命的精神家园。

第二节　文化全球化时代文化发展的特征

文化是人类文明进步的结晶，渗透于社会生活的各领域，对于人们树立正确的世界观、人生观、历史观、价值观，追求真善美，抵制假恶丑，具有不可替代的作用。民族文化是文化的核心，钟敬文先生说：“民族文化，是一面明亮的镜子，它能照出民族生活的面貌；它还是一种爱克斯光，能照透民族生活的内在肺腑，它又是一种历史留下的足迹，能显示民族走过的道路，它更是一种推土机，能推动民族文化的向前发展。”[①]

自古以来，民族文化就存在多样性。而且，随着人类社会发展的深入，文化发展的多样性所包含的内容也在不断丰富和发展。德国历史哲学家斯宾格勒就曾把世界文化分为 8 种，即埃及文化、巴比伦文化、印度文化、中国文化、雅典文化、玛雅文化、伊斯兰文化、西欧文化。英国著名的历史学家和历史哲学家汤因比则把世界文化分为 16 种，历经发展演变，剩下了 5 种比较重要的文明，即西方的基督教文明、东欧和俄罗斯的东正教文明、北非和中东等地的伊斯兰文明、印度次大陆的印度教文明、中国和东亚的儒教文明。以“文明冲突论”闻名世界的亨廷顿把世界文明分为 7 种，即中华文明、日本文明、印度文明、伊斯兰文明、西方文明、拉丁美洲文明、非洲文明。尽管他们划分的标准存在着很大的差异，但都论证了文化具有多样性的特征这一事实。“从占据世界文化发展中心地位的西方文化的推陈出新，到东方文化的博大精深和综合创新，从屡遭打击而不衰的犹太文明的生命活力，到非洲大陆的特色文化的别样风采，世界正凭借文化的多样性展示着自己的魅力。

---

① 钟敬文、董晓萍编：《民俗文化学——梗概与兴起》，中华书局 1996 年版，第 196 页。

历史证明，文化多样性是人类文明进步的重要力量。"①在现在的全球化条件下，文化多样性表现得更为突出。

一、文化的多样性

文化多样性在全球化时代得到了空前的发展。现在，全球社会充分显示了文化的多样性，文化以多种多样的形态表现出其多样性。现今地球上有将近 190 个民族国家，还有好几百个遍及全球的跨国公司。这些不同的国际关系主体，都有自己的独特的文化，这些文化都有自己特殊的生命力。因此，文化多样性本身就是全球化的应有之义。全球化本身产生变异和多样性，从许多方面来看，多样性是全球化的一个基本的方面。尽管全球化不断强化着全球性、统一性和普遍性，但是，它同时也在催生着更多的多样性。全球化时代文化的内容呈现出空前的广泛性，网络文化的蓬勃兴起是全球化时代文化发展最突出的亮点。"发达的电信网络使信息的流动不再有国界的限制，从而导致各种有关文化的生产、流通、交换和消费等活动的范围被扩展到全球规模的水平上。网络的出现彻底打破了时空界限，为人们提供了体验全新生活方式的可能性，网络文化也由此得到了空前的发展。"②

全球化是当今时代的重要特征，它发端于经济领域，并迅速辐射到政治、文化领域。但是，经济全球化不会导致文化的同一化和同质化，而是全球化与多元化、同质化与异质化并存。

然而，西方一些学者鼓吹在经济全球化的背景下，"文化的全球化"也必将随之而来，同一的文化将取代多样性的文化。美国杜克大学教授弗雷德里克·詹姆逊认为，文化的全球化是真正的全球化，是"界定全球化的真正核心：世界文化的标准化；美国的电视，美国的音乐，好莱坞的电影，正在取代世界上其他一切东西"。③他还预言"文化全球化"的后果是美国的大众文化模式取代世界上各个民族的传统文化。在这个过程中，各民族文化将遭到破坏。

经济全球化虽然要求建构与全球性生产、分工相联系的各民族共享的文化，但绝不是把西方文化变为"同一文化"，共享文化的建立必须建立在不同文明、文化共存共进的基础上。这既是时代的要求，也是文化发展的客观现实。现在世界文化的流向已与殖民时代西方文化伴随殖民帝国的建立，由西欧向其他地区的强力输出不同，以民族国家为后盾的各种传统文化也借助全球化走向世界，从而使文化全球化具有双向流动和多向流动的性质，而且，在西方文化的冲击下，传统文化的保留、传承、发展和现代化问题与发展中国家在世界政治多极化趋势中维护主权独立、国家完整、反对强权政治的斗争结合在一起，传统文化问题已不是一个单纯的文化问题，它与经济问题、政治问题一样，越来越引起国际社

---

① 李晓东著：《全球化与文化整合》，湖南人民出版社 2003 年版，第 31 页。

② 鲍宗豪著：《全球化与当代社会》，上海三联书店 2002 年版，第 9 页。

③ 杰姆逊著，马丁译：《全球化的文化》，南京大学出版社 2002 年版，第 114 页

会的高度重视，处理是否妥当，都将影响到世界文化多样性发展的未来。

第一，世界文化流动的双向和多向趋势，决定了文化多样性发展的未来。现在的全球化不同于殖民时代的全球化，虽然西方国家仍表现出在经济、科技和文化方面的某些先进性，并包含图谋主导全球政治的霸权野心；但是，冷战结束后广大发展中国家主权独立的自主性和参与国际事务的能力都明显增强，使全球化带有东西方双向推动和南北方双向参与的性质。尽管存在强势与弱势的区别，但资源、市场、劳动力等基本要素，已经不完全掌握在西方国家手中，由此而推动的全球化必然是双向和多向的。反映到文化上，也同样如此，不仅有西方文化产品流向东方，而且东方文化也多渠道进入西方。随着全球经济联系的加强，经济、科技移民日趋增多，以及地区冲突带来的难民潮，给主要接收移民的发达国家以不同文化形态的冲击。比较典型的是美国，随着大批亚裔、拉丁美裔移民的迁入，东亚文化和拉美文化影响的增强，使用西班牙语的人数剧增，打破了英语一统天下的局面。就连小布什竞选美国总统时，面对人数众多的拉丁美裔选民，也不得不使用西班牙语进行竞选。

第二，发展中国家传统文化的保留、传承和发展问题与这些国家民族独立、反对外来干涉和文化渗透的斗争紧密联系在一起。面对全球化的挑战，发展中国家在努力发展自身的经济、政治和文化的同时，民族情感、民族意识和心理认同等文化特性也日益强化，弘扬传统文化已提上日程。这种情况不仅发展中国家如此，就连法国那样的发达国家在英语商业文化冲击下，也不遗余力地提倡法语文化的纯法性。在西方文化霸权主义和文化殖民主义侵略加剧的情况下，发展中国家需要举起传统文化这一武器，一方面需要提倡传统文化中的群体精神，以抵御全球化带来的种种不良影响，如不良社会风气、个人至上和有组织犯罪等，达到净化社会环境的目的；另一方面需要利用传统文化这面旗帜去凝聚人心、振兴国家，使民族性在现代化进程中不至于被磨灭。

同时还需看到，在复兴传统文化，使之现代化的文化浪潮中，一种文化民族主义倾向也在某些国家蔓延。文化民族主义虽有反对西方霸权主义和文化侵略的一面，但更重要的是固守文化传统，排斥先进文化，保持封闭、孤立性的一面。由于文化民族主义具有推崇、保持、强化民族传统文化的内涵，其社会感召力和凝聚力强，时间、空间跨度大，因而在某些发展中国家的弱势群体中很容易引起共鸣。

第三，承认文化多样性发展已成为人类社会文明进步的一个标志，成为国际社会公认的民族平等的重要准则。世界上的不同民族具有不同的历史背景，在人类几千年的发展中孕育出不同民族的传统文化，构成了语言和文化的多样性。这种客观存在是众所周知的。每一传统文化都有其独特的文化价值观念，它不仅营造了特定的社会文化环境，而且决定了生活于其中的人民的心理特征和行为取向。虽然这种文化价值观念随着时代的进步会有所改变，因为传统文化不现代化就没有出路，但传统文化的合理内涵仍发挥着重要作用，并成为人类文明成果的一部分。现在英语正成为国际交流中的共同语言和交流工具是不争的事实，但英语不等同于西方文化。企图利用全球化推行西方文化，阻挠世界文化多样性发展是行不通的，既不符合文化发展的规律，也有违主权国家一律平等的原则。文化发展只有在相互竞争、借鉴和吸收中才能进步，不同文化都有其悠久传统和合理内核，在民族和民族国家形成、发展过程中起过重要作用。时至今日，传统文化仍是区分此民族和彼民族的标志之一。传统文化虽在全球文化交流中不断更新，但传统的东西不会丢。西方文化中的主干——英语文化，经过几百年来的膨胀和扩张，由单一民族的文化发展为多个国家共有的文化。作为一种文复合体，其内部也在不断分化，亚文化形态的发展使英语文化也出现了多样性的属性，如美语与英语有区别，印度英语与美式英语差距更大。所以，世界的多样性决定了文化的多样性。

对任何国家来说，文化传统不仅对一国的历史进程产生重大的影响，而且塑造出与其他民族国家区别开来的最基本的特征。不同国家具有不同的文化是历史演变的必然结果，不同文明在文化上的相互借鉴是历史发展的重要推动力之一。文化的多样性尽管在历史发展进程中受到过"强势"文化试图以自己为标准改造"弱势"文化的挑战，而且对"弱势"文化来说，这种挑战在当代来势迅猛的全球化大潮下显得更为严峻，但任何将自己的文化定为标准的做法都与世界文化发展的趋势相悖，必将受到抵制而无法得逞。此外，在全球化的大背景下，人类社会具有更多的共同价值观，但这丝毫不意味着民族文化特性的消失。全球化使得国家之间的文化交往变得空前频繁，不同文化之间的互动与交流成为当今世界文化的基本内容，当不同的民族文化在吸取他国或他族文化优点的基础上回应全球化的挑战时，世界文化的多样性在人类文明进程中的作用越来越明显。

漫长的世界历史告诉人们，人类文化的起源是多样的，在世界历史上，从来不存在同样的文化模式。一部人类文明的历史，从某种意义上可以说，就是各个民族多种文化发展的历史。几千年来，希腊文化、中国文化、印度文化、希伯来文化、非洲文化，以及阿拉伯伊斯兰文化等，共同创造出光辉灿烂的文明成果，为人类文明的发展做出了自己独特的贡献，对人类社会的历史和现实产生了深刻的影响。正是各个民族文化的存在和发展，以及不同文化之间的交流和融合，才使文化在各个历史时期展现出色彩缤纷的多样性。中国是一个多民族的大家庭，它的每一个成员都为中国文化的形成做出了贡献。最初的华夏文化通过与周边的民族进行了内容广泛的交流和融合，汲取了各个民族的文化成果，形成了绵延数千年、经久不衰的中国文化。

文化的多样性，不仅是人类社会文化兼容性的体现，而且也是不同传统文化及同一语种亚文化的不断派生。文化形态多层次的交叉发展的客观存在，在世界文明发展史上，不同文明、不同文化既相互区分、冲突，又相互沟通、融合，同时又保持自己的特点，由此推动世界文明不断发展。现在，发展中国家的传统文化在现代化进程中虽然面临西方文化的强有力挑战，有走向弱势的危险，但传统文化并没有退出历史舞台，还在奋力抗争中不断更新。随着传统文化在全球化中重生，在继承中发展，在发展中创新，世界文化多样性的趋势将愈发显著，决定了人类文明多元共进、相互依存、推陈出新的发展方向。

二、文化全球化时代文化的多样性与统一性的辩证关系

在民族国家阶段，文化多样性是在封闭条件下的多样性，是相互阻隔的多样性。全球化给多样的文化提供了交流的平台。封闭的、阻隔的多样性被打破，文化的统一性趋势和全球化趋势不断加强。文化的统一性不等于文化的同质性。文化的同质性是指以某种文化为标准，其他文化都向这个标准看齐，以这个标准来衡量其他文化是先进还是落后。而文化的统一性是指所有的文化都平等，在文化平等的基础上，各民族达成共识，从而形成反映人类共同利益、需要人类共同遵循的文化价值观，并且这种文化价值观不断地向这些民族扩散。"文化的统一性是一种财富，它通过促使每一个民族和每一个群体从自身的过去汲取营养，欢迎来自外界的与其自身特点相适应的贡献，并由此继续其自身的创造过程来激起人类自我实现的可能性。由此可见，文化的统一性在本质上不仅是对文化多样性的肯定，而且是在更高意义上的肯定。任何一种文化都不能抽象地要求普遍性，它产生于全世界各民族的经验，因为每种文化都表现出其自身的统一性，文化的统一性和文化的多样性是不可分的。真正的统一性只能补充而不是损害多样性，因为它发生在一个共处、共享的水平上，在那里整个系统的所有因素都是平等的参与者。"①

文化多样性与统一性关系可以理解为文化特殊性和文化普遍性的关系。文化特殊性指文化的多元性、多样性，是对文化民族性的确认。文化普遍性指存在于各种异质民族文化之中的同质性，是指文化的共同性，是对文化统一性和普遍性的确认。每一种民族文化里既包含有相对于其他文化所不同的成分，又包含有全人类共有的绝对性的内容。每一种文化既是特殊的，又是普遍的。文化的特殊性中包含着普遍性，文化的普遍性通过文化的特殊性得以展现。如果片面夸大文化的特殊性和普遍性，就会导致文化特殊主义和文化普遍主义。文化特殊主义，主张任何文化形态之间在价值上是相对的、平等的，它们之间无所谓先进和落后、高级和低级之分，它们的存在都是与其特殊的环境相匹配的。这就取消了文化比较、文化对话、文化融合的可能性。文化特殊主义在反对帝国主义文化侵略、消解西方中心论方面起到了一定的积极作用，但它在充分肯定民族文化平等的同时却又否认人类文化的统一性，否认人类文化有统一的价值体系，否认人类文化的整体发展过程和一般规律，否认不同民族文化之间在进步性上的可比较性，因此是片面的、不科学的。文化普遍主义主张文化具有统一性，并以此为借口试图把全球文化整合成千篇一律的同质化的同一文化体，从而取消各种地方文化和民族文化，消除文化的多样性。在现实中，普遍主义往往被文化殖民主义和文化霸权主义所利用，它们借助经济、政治甚至军事的力量，把自己的文化价值观视为全球普遍性的文化，迫使其他国家民族接受他们的文化。

文化的多样性与统一性的关系还表现为文化的民族性与世界性的关系。在民族国家时代，民族文化与世界文化的关系可以说是部分和整体的关系。在全球化时代，民族文化逐

---

① ［英］霍布斯鲍姆著，李金梅译：《民族与民族主义》，上海人民出版社2000年版，第108页。

渐走向世界，在全球化舞台上相互激荡，文化的民族性与世界性的关系演变为特殊和一般、个性和共性的关系。一方面，全球化给每一种民族文化优秀成分的展示提供了广阔的平台，同时使每个民族在吸收世界上最先进文化成果的同时，也使自己民族的文化成为整个人类文化的有机构成，为世界文化提供自己独特的"文化资源"；另一方面，文化民族性通过文化在世界范围内的交流得到丰富和发展，全球化不可能消解文化的民族性，只是对文化民族性的建设提出了更高的要求。任何民族文化都是特定历史阶段民族精神的反映，都是人类文化发展总链条的一环。文化的民族性包容着世界性，是世界性的基础和重要内容，没有民族性就没有世界性，世界性就是民族性的体现和发展，真正的民族性必定具有一定的世界性。文化的世界性存在于民族性当中，又通过民族性显示出来，没有民族性和民族性之间的比较和相通，世界性就是一个空壳。世界性是相通的民族性，民族性是世界性中的各具特色的民族性。

文化的统一性与多样性的关系还表现为文化的同质化与异质化的关系。现在全球互动的中心问题是文化同质化与文化异质化之间的紧张关系。在全球化时代，一方面，文化发展越来越具有趋同性，虽然这个过程会被某些大国所利用，成为其推行霸权主义的工具，但建立一种基于多样性之上的统一性文化依然是人们的目标；另一方面，为了发展本民族经济、维护本民族利益，各民族都越来越重视民族传统文化资源的开发和保护。这就构成了文化的同质化和异质化趋势。文化同质化和文化异质化的张力构成了现代文化全球化的内在矛盾。

三、求同存异是多样性文化共处的原则

文化是人类为了改造自己的生存环境而进行的精神生产活动。不同文化之间没有优劣之分，应该多样并存、东西互补和共间发展。如何使不同文化共生共荣，应该遵循什么样的原则？中国传统文化中的"和而不同"，给我们提供了重要的原则。

人们生活所遇到的既定的历史传统和生活方式不可能千篇一律，各民族在面临特殊的环境、特殊的社会生产方式时形成了不同形态的民族文化。世界上的民族文化丰富多彩，各民族文化多样并存、东西互补和共同发展。伴随着全球化时代的到来，用某一种文化去"统一世界"，搞所谓的"西方文化优越论"，或认为"世界的前途将是中国文化的复兴"是不现实的，而且也不利于民族文化的发展。文化的全球化将是不同文化间不断冲突与融合、借鉴与整合的过程。各种文化之间不是孤立存在的，要通过交流和对话来达到"和"的目的，这样各种文化才能共生共荣。正如党的十六大报告中所概括的那样："世界是丰富多彩的。世界上的各种文明、不同的社会制度和发展道路应彼此尊重，在竞争比较中取长补短，在求同存异中共同发展。"这是对人类文化发展历程的概括，也是人类文化多样性发展的主要原则。随着经济全球化时代的发展，在世界范围内的文化发展形成的所谓"普世文明"中，仍将保留各种文明丰富的个性，普世文明的统一性中仍将蕴含各种文明的多样性。

第三节 文化全球化时代文化的产业性发展

文化产业的国际性发展是经济全球化和文化全球化的集中反映，既包含物质成分，又凝聚着精神和意识形态的成分，综合地反映着经济全球化和文化全球化的互动关系。它既为文化全球化提供手段和载体，也反映着文化全球化的发展水平。可以说，在当代社会经济条件下，没有文化产业的全球化，也就没有文化的全球化。

文化产业作为一种综合性产业，它的发展必然也跟随着经济全球化的步履不断地扩大经营规模，拓展发展空间，不断地走向世界。一是文化市场的日益全球化。由于传播技术的发达，文化产品比其他产品更易于从原产地传送到世界各地。在市场上，不同国家的文化产品越来越多，品种越来越丰富。对于个别文化产业超级大国来说，文化产品在海外的收入已经超过了它在本土的收入。可以说，文化产业从生产到销售逐渐走向全球化是一种历史的必然，这既是文化产业自身发展的内在需要，也是全球化不断发展的外在要求。文化产业只有吸纳世界上不同地区、不同国家的优秀人才和先进技术、先进理念，才能生产出更加出类拔萃的产品来，才能在市场竞争中获得优胜。同时，文化产品只有走向世界市场，生产者获取巨额利润的目的也才能得到实现。而且，随着信息技术的发展，文化产品的全球化交流也成为一种必然。二是文化制作（生产）的全球化。文艺方面的一些大的制作都是汇聚世界上各方面的优秀乃至顶尖人才而完成的，跨地区、跨国界、跨领域的合作越来越多。1998年9月，由中国对外演出公司与瑞士历史实景歌剧公司共同制作的意大利著名歌剧《图兰朵》（紫禁城版本），就是汇集了世界上一流的创作人员进行创作的博采众长之作。三是文化生产组织的全球化。当今世界已经出现了跨国文化企业。澳大利亚的新闻集团是当今世界跨国文化企业的佼佼者，它在澳大利亚已经拥有100多家报社和有线及卫星直播收费网，1999年，新闻集团的收入已高达136亿美元；在英国，拥有《伦敦泰晤士报》等4张大报和190个模拟及数字电视频道的天空电视台；在美国，拥有由200多家电视台组成的全美最受欢迎的电视网和20世纪福克斯影业公司，《音乐之声》《巴顿将军》《泰坦尼克号》《小鬼当家》《星球大战》都是它的杰作；在亚洲，则是总部设在香港的STARTV，拥有30多个频道，观众达3亿人。组织运营出色的20世纪福克斯影业公司，其电影市场占有率为全球第一，电视覆盖面的增长率为全球第一。新闻集团是全美最大的电视台集团和第一大电视节目制片商、世界最大的英文报纸发行商，拥有世界覆盖面最广的传媒网络。默多克曾经这样描述他的公司："从人们醒来的那一刻，一直到他们进入梦乡，我们都在为他们服务。跨国文化企业对人们无时无刻的影响可见一斑。"[1]

---

[1] 周小普主编:《全球化媒介的奇观：默多克新闻集团解读》，中国社会科学出版社2006年版，第192页。

一、文化消费的增长

地理空间、社会等级这些过去长期阻碍和限制人们平等地进行文化消费的障碍，已被全球性文化信息的流动所打破，使人们的文化生活在空间上空前扩张，在质上更有新的飞跃。文化的生产、流通和消费的全球化时代正在来临。作为全球文化市场的一个重要环节，全球性文化消费的特点之一就是便捷性，无论是哪一国的消费者，只要有一台电脑，将它用一根电话线同因特网连接起来，就可以通过各种网站浏览世界各国的报纸杂志，了解世界各地的新闻，足不出户而知道"公牛队""火箭队"在篮球场上的比分，中东的政治与军事形势、世界时尚，流行什么样的影片、图书以及服装等等，甚至还可以通过网上医院求医问药，通过《华尔街日报》网站的亚洲版、欧洲版、美洲版等各种文字版获取全世界最新的金融情况。通过网络接受远程教育更是一种时兴、经济、快捷的教育和学习方式，是一种新式的没有围墙的大学。这样便对传统的文化传播形成了有力的挑战。

全球化时代的艺术消费也开始变得无国界。例如，上海大剧院落成后，立即成了一个国际文化艺术演出和消费的舞台，除中国中央芭蕾舞团的《天鹅湖》《睡美人》等剧目外，英国皇家芭蕾舞团的《罗密欧与朱丽叶》、法国巴黎歌剧院的《浮士德》、杜塞尔多夫莱茵歌剧院的《漂泊的荷兰人》、意大利佛罗伦萨歌剧院的《阿依达》、俄罗斯克里姆林宫芭蕾舞剧院的《胡桃夹子》等全都在该剧院上演过。来自世界各地一流剧院的一流剧目，吸引了海内外大批观众和听众。该剧院除采用传统方式售票，还采用了互联网订票、传真订票、语音电话订票等方法，消费者只要在家中轻点鼠标，就可以知道大剧院上演剧目的时间和票价，并且美国、日本、韩国、新加的消费者一样也能在本地预订门票。这种消费的全球性在过去是难以设想的。

二、文化生产的集团性和全球性

根据经济学理论，消费是由生产决定的，但消费反过来又作用于市场，促进生产的发展。从世界的现状看，不管人们消费怎样的文化产品，也不管人们作为怎样的消费者来进行消费，这种巨大的消费本身造成了巨大的全球文化消费市场是一个不争的事实，这一全球性的文化市场事实上已进一步推动了全球性文化产业的加速发展，使之朝集团性和跨国性方向前进，使文化产品在全球范围内协作生产。

文化消费的全球性和全球文化市场的开拓，一方面使文化生产从以往一个国家内部的分工协作发展到跨地区、跨国的分工和协作，从而使文化产业资源配置国际化；另一方面，随着信息产业的飞速发展，传统文化产业受到了极大的挑战，许多企业都走向了联合和兼并的道路，以最大限度地利用各种资源，迅速形成大的集团和大的生产规模。

文化生产的集团性首先形成于发达国家，并且有愈演愈烈的态势。例如，法国著名的出版集团哈歇特吸收了集经营通讯、运输和航天业于一身的马特拉工业财团 50% 的股份，法国另一个出版集团赛特有 65% 的股份为法国通讯公司和电子公司所掌握，而名列世界第五大综合出版集团的法国的哈瓦斯集团则由经营公用事业、建筑业和通讯业的 CGE 公司控制了 30% 的股份，美国文化产业的集团性更是无可比肩。2000 年，全球最大的因特网服务公司美国在线与大众传媒及娱乐业巨头时代华纳公司以换股方式合并成为一个融因特网服务和传统媒体及娱乐业为一体的公司——美国在线时代华纳公司。而有着 70 余年历史的时代华纳公司，其雇员当时已超过 7 万，拥有华纳电影公司、《时代》杂志、《财富》杂志、CNN 有线电视网络、华纳音响集团等。美国的报业，不仅具有集团性，同时具有全球性。美国的《读者文摘》不仅在国内发行 480 万份，更在全球范围内以 19 种文字发行，共有 48 种国际版本，其发行达 2800 万份；美国的《大都会》杂志在世界范围内也发行了 36 个国际版本，赢得了丰厚的利润。

日本的文化产业同样具有集团性。例如，《朝日新闻》和《日本经济新闻》从 20 世纪 90 年代后期开始在中国的香港地区开设卫星版，它们设在东京的总部每天将排好版的样报通过电脑和通信卫星传到香港，让香港的印刷厂几乎是与日本的印刷厂同时开印。日本媒体善于利用香港作为大信息中心的优势，让报纸内容能迅速传到东南亚广大地区。

与其他产业一样，文化生产的这种集团性与全球性也加强了国际分工和合作。中国台湾省的台湾宏广公司就是这样一个典型。台湾宏广公司有着 20 余年影片制作的历史，由于承制美国、欧洲、日本的动画影片而跃升为全球最大的动画制作公司，美国好莱坞的重要片商华纳、米高梅、迪士尼都是它的长期客户。宏广公司在美国动画制作市场占有率为 12.5%，在欧洲制作市场则是 10%。《唐老鸭》《大力水手》《兔宝宝》《史努比》等卡通片都出自宏广公司职员之手。随着业务的增长，宏广公司在 20 世纪 90 年代后期已在杭州和泰国的曼谷建立自己的工厂，开始独辟门户，成为一个与群雄争夺世界市场的大公司。全球化时代的生产和消费正朝着集团性的方向发展，过去那种各自为政的狭隘的区域性正在逐步被一种更为广阔的全球性所取代。

三、文化产品发达，竞争更加激烈

20 世纪中叶以来，西方发达国家的文化产业开始迅速发展，美国在影视、激光唱片、电子计算机、通讯、网络等方面已处于领先地位。作为世界上文化产业最为发达的国家，美国现有 1500 多家日报，美国的电影生产基地好莱坞更是举世闻名，它不仅是全世界最大的电影工厂，产值也是最高的。美国利用其经济、科技优势生产出的各种文产品占领了世界主要的文化市场，加上信息技术的发展，为其文化产业包括生产、流通和消费开辟了更为广阔的天地。可以说，美国的文化产业已是成熟的产业。这是因为，第一，它有完善的组织管理系统。例如，它有股东会控制系统、创作及组织系统、批量生产系统、推销系统、技术支持系统、经济支持系统、行政支持系统、人事支持系统、数据收集系统等，第二，它有高度的垄断性。20 世纪 80 年代，美国的传播媒介主要被 50 家大公司所控制。第三，它有稳定的产品类型。第四，它有巨大的经济效益。19% 年，美国的软件和娱乐产品在国际上的销售额高达 602 亿美元，超过美国其他任何行业。美国的图书市场也为世界最大，年收入超过 50 亿美元。美国的影视业是全美居于前列的产业，可与航空航天和电子工业并驾齐驱。美国影片在欧洲电影市场占有率达到 70%，1997 年，美国电影的国外票房收入达 58.5 亿美元。美国的电影产量仅占世界电影产量的 6%，而在世界电影市场的总体占有率却达到 80%。

西方其他国家如英国、法国、德国等的文化产业虽然不如美国发达，但同样属文化大国。英国有 130 份日报、1300 份周报、7000 份期刊。在西方国家中，按人平均算，英国的日报销售量是最高的。英国有近 60 个电视台，英国广播公司是欧洲最大的广播公司，也是世界上最大的广播公司之一。法国作为文化大国的地位是不可否认的，它的书刊业尤其发达，巴黎的《世界报》《费加罗报》等都是世界性大报；法国有期刊 15000 家，刊物年销售量达 80 亿份；有出版社 5000 多家，书店 25000 多家；法国的电影产量也很高，它每年有 150 部新片推向市场。

文化产业的发达，使各个国家在文化产品上展开了激烈的竞争，尤其当美国的文化产品充斥着世界各国的文化市场时，更引起包括发达国家在内的绝大多数国家的抵制。在欧洲，抵制美国文化产品最有力的是法国，随着法国电影在国内、国际市场的萎缩，法国的政要和文化界人士一致认为，不断高涨的美国文化浪潮正在吞并法兰西文化。因此，法国政府和文化从业人员采取了很多方法抵制美国文化产品。1989 年，法国政府说服欧共体颁布命令，规定所播放电视节目的 40% 必须是国产节目；在 1993 年关贸总协定乌拉圭回合谈判中，法国强调"文化特殊性"，反对美国把影视产品引入谈判内容的要求；与此同时，法国政府还制定出旨在加强保护法兰西文化的经济制度，支持本国文化和文化产业的发展。尽管如此，较之影响巨大的美国文化和英语文化，法国有时也不得不借助于英语的传播媒介来扩大自己的影响。

除欧洲各国的文化市场遭到美国文化产品的大举入侵而引起激烈抵制外，作为美国近邻国家的加拿大为避免遭受美国文化入侵所做的抵制更是强烈，加拿大上映的影片中外国影片占 10%，并且主要是美国影片，美国的报纸杂志也畅销其间。鉴于这种情况，加拿大有关方面于 1998 年组织了一次关于美国文化统治地位的会议。这次会议有英国等 19 个国家参加，但美国被明令排除在外。会议以自由贸易威胁各国自己的文化为由，讨论把文化产业排除在降低贸易壁垒的有关协定之外的办法。

在因特网上，文化产品的竞争和抵制更是激烈。据统计，网上英语传播的信息占 84% 以上，法语内容仅占 5%，和汉语相等，其余的是由其他语言来传播的。这一点促使诸多国家增强了自己的文化防护意识。19% 年，在南非召开的"信息社会与发展"大会上，法国、加拿大、日本等国代表都强调，要保持语言和文化的多样性，保持全世界各民族的优良文化传统。为了保护本民族文化产业，法、德等国已采取用自己的语言开发网络信息资源等措施。日本在保护本民族文化产业方面则更加积极，其做法也比较成功。B 本在 1989

年成立国际交流基金会日本语国际中心，向世界各地推广日本语，它注重对日语学校的设备和教学援助，注重日语教学师资的重点投入。目前全球 114 个同日本发生经贸往来的国家中有 209 万人在学习日语。近年来，在日本国际交流基金会推动下，华盛顿每年举行一次樱花节，日本借机推销自己的文化产品，如影视、漫画、音乐以及与之相关的产品，包括电视和音响设备、DVD 机、可视电话，还有日本汽车等。

四、文化市场不平衡，中国文化产业力量较弱

全球化时代的文化产业的发展和文化产品的销售是非常不平衡的。在国际电影市场上，美国的影片约占总销售额的 70%；在电视和广播节目的交易中，发达国家生产的产品约占74.5%。在国际版权交易市场上，发达国家的出版物约占 65.5%。在跨国流动的每 100 小时的音像制品中，有 74 小时是从发达国家或准发达国家流向发展中国家的；在跨国流动的每 100 本书中，有 85 本是从发达国家流向发展中国家的。与此同时，在跨国流动的每100 套电脑软件中，有 85 套是从发达国家和准发达国家与地区流向发展中国家的；在跨国转让的每 100 项核心信息技术中，有 84 项是从发达国家流向发展中国家的。而且，这种不平衡发展的差距还在继续扩大。许多经济弱国，尤其是广大第三世界国家，在这种不平衡的市场中要发展自己的文化产业会有很多困难，因此要做出更大的努力，以改变处于弱势的地位。

中国作为发展中国家中的一员，其文化产业的规模与效益在短时期内也同样无法同发达国家竞争。不过，从我国经济发展的总体看，文化产业已成为我国优化经济结构、拉动国民经济快速增长的新兴产业。据统计，北京市 1996 年文化产业经营性收入达 508 亿元，相当于全市工业产品销售收入的 31.6%，共创造增加值近 200 亿元，占全市国内生产总值的 13.7%，占全市第三产业增加值的 27.4%；1999 年北京文化产业固定资产达 200 多亿元，创造增加值 74.7 亿元，占全市第三产业增加值的 7.7%，占全市 GDP 的 3.8%；2000 年达到 GDP 的 6%。广州文化产业的人员现有 14 万，1999 年总收入 154.95 亿元，创造增加值41 亿元。[①] 尽管中国是世界上最大的国家之一，有着最多的人口，但是，如果与其他文化大国相比，中国的文化产业仍是十分弱小的。例如，中国电视产业虽然在迅速发展中基本形成了一个覆盖全国的电视传媒系统，并且中国有线电视业也已成为仅次于美国的世界第二大有线电视网，但中国电视产业的积弊很多，首先是重复投资、重复建设，电视产业散、小、多，不少电视台都是在低层次上展开竞争；其次是喉舌功能，导致电视节目制作不可能完全按照市场规律行事，抑制了产业功能的整体作用，难以通过市场方式开发和利用社会资源。经济实力、管理体制、运行机制、经营人才、管理水平、法规建设、产品结构、产品质量等方面的劣势，使国内电视产业在同等条件下尚不具备与西方传媒巨头相抗衡的实力。

---

① 王玉印、李玉东：《反思："九五"文化产业发展状况》，《中国文化报》2000 年 12 月 6 日第 3 版。

中国的电影产业也同样不发达，至今没有形成规模生产。尽管中国的人口众多，爱看电影的人也不在少数，但根据业内人士统计，愿意去电影院消费的人数呈下降趋势，因而不少电影院不得不改行从事其他服务。中国现有上影、北影、长影三大制片厂，还有16个省办厂以及其他一些制片企业，但全部加起来的实力总和也比不上好莱坞8大公司中的任何一家。

中国书刊业的规模很小。2002年，北京地区图书版权贸易情况可以视为书刊业产品少、质量低的一个个案。北京市2002年引进图书版权6780种，输出图书版权532种，引进和输出分别占全国总量的66%和41%。根据北京市版权局统计，美国依然是北京市最大的贸易伙伴，2002年从美国引进的版权总量为3536种，约占引进总量的52%，而输出地区则主要是中国台湾省，共有320种，约占输出总量的60%。①

显然，从各方面可以看出，中国目前离文化大国的距离还很远。不过，同发达国家比较，中国文化产业具有较大的发展潜力和优势，如地缘优势、人缘优势、文化资源优势等，这些优势必将推动中国文化产业迅速发展。而且，中国国内一些文化产业采取了新的举措并取得了优秀业绩。例如，在影视产业方面，湖南影视媒体业的合并重组动作很快，而且打算与国内及境外进行媒体业合作，以介入报刊、网络媒体，逐步形成集广播电视、报刊、网络于一体的传媒产业。通过合并成功重组后的湖南媒体产业，此后不仅在国内文化市场上名声大振，而且开始了同国际文化公司合作的步骤。

只要我们有着文化大国的心态或有志成为文化大国，在发展经济、发展物质产业的同时，注意发展文化产业，就不难将理想变为现实。文化是综合国力的组成部分，是一种软实力，它能使一个民族产生巨大的凝聚力，代表着一个国家的形象。可以相信，随着中国文化产业的发展，人们精神文化生活的进一步丰富，中国将会以一个东方文化大国的形象出现在世人的眼中。

五、文化的自觉性与发展性

全球化呼唤文化自觉与文化发展。在文化研究领域，虽然学者们对很多问题还存在着不少争论，但随着争论的不断进行，中国的学者对文化发展的认识、也愈益清晰、深刻。在全球化背景下，我国著名的社会学家、人类学家费孝通先生立足时代发展的最前沿，在1997年首次提出了"文化自觉"的思想，这是应对全球化而由中国学者发出的文化发展之时代强音。在当今时代，仅单方面讲文化自觉与文化发展是不够的，应把两者结合起来。文化发展不能离开文化自觉的引导，文化自觉是为了文化发展，文化自觉渗透在文化发展的实践过程中。

（一）文化的自觉性

文化自觉作为一种理性的文化认知，是相对于非理性、盲目、情绪化等文化认知状态

---

① 王玉印、李玉东：《反思："九五"文化产业发展状况》，《中国文化报》2000年12月6日第3版。

而言的。在一定社会中，文化自觉构成了文化发展的思想基础和前提，它以观念、意识、认知的形式对文化的发展起着价值引导的作用。离开文化自觉的文化发展就会失去正确的方向，文化自觉的程度在发展中有一个不断提高的过程，其内容也会随着一定社会所处的历史条件的变化而变化。从我国的有关论争中可以看出，至今国人还没有形成一致的与时代发展相适应的文化自觉。在世界文化的互动中，人们的心态非常复杂，有面临强势文化入侵时的悲观和自卑，有体验到其他民族文化的缺陷和本民族文化的优点时的自信和自大，也有感受到各种文化价值观的冲突时的迷茫……这种种心态对我国的文化发展都是极其不利的。我们认为，在全球化时代文化自觉至少应包括以下几方面的内容。

1. 对全球化时代世界文化发展的共性和个性的自觉

全球化时代的世界文化的发展具有辩证的本性。各民族文化在世界文化的互动中既不断吸收着异域文化中的优秀成分发展自身，同时也不断地贡献出本民族的文化资源使之成为人类共享、共有资源的一部分，世界文化的发展体现着共性和个性的辩证统一。

在全球化时代体现着世界文化发展共性的全球性文化的形成，是由人类实践的普遍性和利益的共同性决定的。一方面，各民族文化虽然千差万别，却都是同属于人类的实践方式，具有共性，其文化就必然具有整体性和普遍性的一面；另一方面，全球化时代的人类日益面临着许多共同的利益和危机，也需要携起手来共同解决问题，而解决的前提就是人类要形成全球意识和一定程度上的价值共识。

当然，全球性文化的形成并不代表着取消民族文化的多样性存在和多元化发展。因为每一特殊的民族文化都是在本民族人民早期的实践生活中形成的，它有着自己赖以生存和发展的特殊的根基和土壤。文化的互动不会消除掉民族文化中深层的核心和内涵，反而会促使世界文化的多元化发展。

2. 通过中外文化比较、立足文化发展需要，实现对中国文化优缺点的自觉

在全球化时代，所谓文化自觉，就是要对本民族文化有"自知之明"，不仅要通过历时态的研究明白它的来历和形成过程，而且更关键的是要通过处于同一环境下的文化之间的交流和对比，立足现实文化发展的需要，实现对其优缺点的自觉。"为了研究某一种文化，我们必须具有一种超越了这种文化本身的观点。"[①]我们不仅要认识自己，而且要认识别人，在文化交流中进行细致的分析、比较和鉴别。人类文化的长期发展，使得世界各文化体系形成了各具异彩的多元特征，都有着自身特定的优势和不足，我们只有在比较中才更易发现自身的优点和不足，也才能够取长补短，发展自身。

3. 积极、平等地参与世界文化的交流，促进民族文化独特性之发展的自觉

基于文化自觉的前两点内容，在全球化时代，我们还应有以积极、平等的态度参与到世界文化交流中去的自觉，意识到其对中国文化发展的重要性。这里强调的是首先要积极。面对外来文化的滚滚浪潮，我们应有积极开放的心态，不要以隔绝封闭的态度拒绝文化的

---

① 詹姆逊著，唐小兵译：《后现代主义与文化理论》，陕西师范大学出版社1站6年版，第306页。

交往和吸收。其次强调的是平等，反对一些西方发达国家妄图以自身所谓的绝对优越的文化来一统全球的霸权做法。我们要在交流中不丧失民族文化的认同，在对异域优秀文化的吸收中促进本民族文化的发展，而且我们还要主动地把我国的优秀文化资源贡献到世界文化中去，为世界文化的大花园增添色彩。

在我国，存在着两种错误的、不自觉的文化观点，一种观点是与西方文化中心主义相关联的"全盘西化"的观点。全盘西化论者主张彻底改造中国传统文化，全盘或从根本上接受现代西方以科学和民主为主要内涵的理性主义文化。他们看不到民族传统文化优秀的内容，主张全盘抛弃传统文化，其结果必然是使民族和国家丧失赖以生存的根基。另一种观点是"文化保守主义"，这实际上是一种中国文化中心主义。文化保守主义者认为，中国传统文化具有西方文化所不可比拟的优越性，主张应从科学和民主以及人的主体性为宗旨的现代文化立场撤退，回到中国传统文化的立场上，再谋求传统文化的现代化。文化保守主义的危害也是非常严重的。

一个民族在相对封闭的情况下如果只有较低的文化自觉，其文化也会自然发展，但速度是极其缓慢的。在当今文化互动频繁而复杂的情况下，如果没有较高程度的文化自觉，其民族文化的发展是无从谈起的。

（二）文化的发展性

文化自觉的目的是为了文化发展。文化不仅是一个民族或国家赖以生存的重要根基，也是影响社会和经济发展的重要力量，文化的力量深深烙印在民族的生命力、创造力和凝聚力之中。在全球化时代，在文化自觉的基础上出现了文化整合与创新的文化发展新趋势。

首先，要加强文化自觉基础上的文化整合。文化整合就是把不同的文化要素有机地吸收、融合进自身文化系统中。但其过程不是不同文化要素的简单的堆积，组成一个累积的文化体系，而是要强调民族文化的主体意识，以我为主、博采众长，在对各种文化的消化吸收中使之成为本民族文化血肉的一部分。如果有人妄想以纯粹外来文化作为自己的文化主体而达到文化发展的目的，是注定要失败的。

对文化要素的吸收要根据中国现实的实践需要，在对外来文化加以分析比较、鉴别的基础上，找出其中真正有益于中国的实践，能满足中国文化发展需要的文化要素加以吸收与整合。这是一个取其精华、去其糟粕的过程。例如，当前我国的文化还处于从传统向现代的转型过程中，现代性文化的形成与发展就是我国文化建设的价值目标。面对着形形色色的文化资源，如传统的、现代的以及后现代的文化，我们要对当代中国的现实进行正确的定位，要清醒地认识到我国还处在社会主义的初级阶段，坚持现代化的基本价值取向，同时注意消除西方现代性文化所特有的局限性。

其次，要推进文化自觉基础上的文化创新。文化的发展需要文化的创新，只有不断地创新，才能促进文化的发展，使文化永葆旺盛的生命力。文化创新是在文化系统中不断形成新文化要素以取代不适应社会实践需要的旧文化要素的过程，体现了文化的创造性转换。

在全球化时代，我们要注意在对世界优秀文化的整合过程中不断实现文化的创新，其中要特别注意对我国的传统文化进行创造性的转化。任何社会的文化都是在对以往文化的继承中发展起来的，传统文化构成了一定社会的文化发展的基础，文化的发展绝不可能绕过对传统文化的创新。我国以儒家学说为主导的传统文化博大精深，包含着很多精华，对当今中国的社会发展起着积极的促进作用；但也要看到，我国的传统文化中还包含着很多不适应甚至阻碍社会发展的封建的、落后的、腐朽的内容。这就迫切要求我们剔除这些不利因素，按照现代社会的发展要求对传统文化进行创新。

在全球化时代，提高文化自觉、促进文化发展是摆在我们面前的一项非常重要的时代任务。文化自觉构成了文化发展的思想基础和前提，文化发展是文化自觉的根本目的。

第三章　文化与交流：跨文化研究的意义

第一节　文化与交流关系的认识

一、文化与交流关系的认识

文化的定义有好几百种。不同的定义突出文化的不同方面，其中许多定义还有意见分歧。有的学者觉得给文化下定义太难，于是在跨文化交流的研究中干脆免了下定义这道工序。他们的理由是，文化是一个多义而不定的概念，每个人都有自己的理解，所以最好让每个人来对文化的意义做出取舍。虽然这种"谁都有权做决定"的逻辑在多种文化中是普遍接受的，但就文化概念而言，明确几条基本原则还是十分必要的。

文化指的是共享的系统。正是这种共享性使文化成员能够相对有效地进行交流。共享也与身份有关，共同的历史和传统帮助人们解答"我是谁"的问题。

讲传统是文化得以传承的一种方式。通过讲故事和传统，使后代更加明确了自己的身份。一位学者指出，家族故事是生活的反映。

当然，影响身份的故事不只是家族故事。在政治团体、国家以及其他社会群体中，人们都能听到故事，并从中获得关于群体身份和行为规范的信息。我们当然不受这种知识的束缚，但这种知识的确告诉我们（往往在不知不觉中）应该采取什么样的行动。故事里反映的文化共享性却不只限于家庭成员，它同样发生在能够接受和理解此类行为的任何一个群体里。故事里的经验表现的是一种行为模式，这种模式影响着未来的行为规范，其本身的意义则要通过过去的决定才能予以理解。所以说，文化给了我们身份构造的模块，把我们跟那些我们从未见过的人——活着的、已故的或将来出生的人联系在一起。

文化是共同的历史传统。那么，这个系统是由什么构成的呢？文化系统是由象征符号构成的，这些符号帮助我们彼此通过意义生成的方式进行交流。如果我们说某个东西具有象征意义，通常是指它代表着另外某个东西。比如我在谈话中用到"树"这个词，那么，它代表的是物质世界里的一种植物。当然这是一种简单的联系，因为实际问题要比这复杂，比如说树有许多不同的种类。如果象征的东西更抽象，比如"美"、"自由"等，那问题就更复杂了。

象征有两个基本特点，这两个特点把我们对世界的认识划分成不同的意见。象征既是随意的，又是约定俗成的。象征在英文里叫"Symbol"，它源于拉丁语"Sym"，意思是"与"或"一起"；再加上，"Bolos"意思是"投、掷"。可见，象征这个概念的本意就是某个被一起投掷的东西。英语里用来象征供人们坐的物体的词是"Chair"（椅子），在西班牙语里则用"Silla"，到了日语里成了"Isu"。是不是说这其中有一个是正确的，而其余的都是错误的呢？当然不是。这从某种意义上印证了那句古话，即玫瑰不管叫什么，发出的香味是一样的。因为在象征词"Rose"（玫瑰）和我们通过它所联想到的具体的花之间没有必然的联系，所以即使我们管它叫"Tuna"（金枪鱼），它依然会散发出同样的香味。

在我们强调象征具有随意性的同时，还要记住象征又是约定俗成的。约定俗成的东西是群体一致接受的。象征词"玫瑰"之所以跟某种花联系在一起，是因为有一群人同意使用这个联系，并把它流传下来。不过，又因为这种联系是伴随着的，所以有可能而且的确在随时间的推移而发生变化。想一想"Pot"（锅）、"Gay"（快乐）和"Bad"（坏）这些词的意义是如何变化的，想一想不同时代的群体又是如何认可这些变化的。词义的变化是一个十分有意思的研究课题。

上面我说的用"Tima"取代"玫瑰"的建议可能不会得到你的认同。每一象征都附带着许多含义或非字面意义，而这种含义都有改变我们的认知的力量。玫瑰如果换个叫法（比如，叫金枪鱼）也许不能像以前那样马上唤起一股香味。约定俗成的意义影响着我们的物理感知，有意思的是，"Tima"这个词的出现也许产生过积极的象征意义。这个词指的那种鱼在过去叫"HorseMackerel"（直译为"马鲭"）。由于这两个字，尤其是"马"这个字具有的传统意义，这种鱼在美国的市场营销遇到了困难。美国人不喜欢吃与"马"有任何关联的东西。后来改用"Tima"并逐渐得到认可，结果市场活动取得了成功，这就是"Tmm"的典故。

正因为象征具有传统性，所以象征符号以及作为一般意义的文化往往具有稳定性和一贯性。当然，有时跟传统的象征意义开开玩笑是允许的，甚至很有意思，但是如果我经常用非传统的象征方式，那我会故步自封或者脱离社会。另一方面，象征的随意性给文化以活力和变化。文化作为象征系统的事实既使文化本身具有了变化的力量，又使之获得了控制变化的力量。这种对立统一的关系成为社会科学领域争论的核心问题，因为学者们想搞明白文化所具有的这两个互不相容的特点到底是怎么回事儿。

文化的定义并不只限于象征符号，它还包括象征的来源。来源提供了完成目的的可能性。土地、金钱、名誉、审美能力以及一张迷人的脸都可能是象征的来源。象征来源可以是实体的，比如一面旗；也可以是抽象概念，比如自由。关键是这些来源既是随意的，又是约定俗成的，其功能在于帮助共享者完成某种任务，其中最基本的任务是共享意义并使行动协调一致。

了解了构成文化的象征系统之后，下一步就要认识这些象征系统为我们做些什么。从广义上讲，象征系统使我们的生活具有意义。我们要研究的重点是意义的概念，文化的意义是针对"我们这个世界的"。文化是人类交流的产物。文化是我们习得的，不是与生俱来的。任何一个婴儿都可以学会任何一个群体的文化。如前所述，文化既是稳定的，又是变化的。一如人们既讨论过去的问题又发明新的技术那样，共同的认识也有可能而且的确在发生变化。因此，我们有必要记住，我们讨论的文化其实是能够也的确在发生变化的东西，只不过我们一般很难指出来这种变化是在何时何地发生的。

定义的最后部分讲的是文化作为共享的象征系统具有什么样的功能。文化为我们提供了一种方式，并使我们的行为具有了意义，同时，我们认为别人的行为也具有了意义。如果说人的某种行为或世界的某些方面是有意义的，那就是假定这种意义是大家共享的。意义可分成三个要素：选择、组织和评估。：

（1）选择。所谓选择就是挑选出我们注意的东西来。在任何时候可注意的东西总要比我们真正予以注意的东西多得多。选择是一个习得的过程，它往往是许多旅游跨文化问题产生的根源。这其中的部分原因在于人的认知过程有时会出现误差。在旅游跨文化交流中选择过程所引发的问题主要不是一个简单的对或错的问题，而是在首先选择什么作为注意的对象这一问题上所表现出的差异。每一个选择都依认知者的背景和需要而取舍，都具有同等的合理性。

（2）组织。组织指的是我们在那些有助于我们形成认知的不同事物之间进行的联系。我们以参照其他事物的方法认识事物。如果我请你说说"母亲"这个象征符号的意义，你很可能会谈到像生育、抚养、教导、疼爱之类的事情。所有这些解释都是基于跟别的人或事的相互关系之上的。如果跟别的概念分离开来，我们就不知道母亲是什么。这个道理对任何符号、观念或概念都是一样的。只有跟别的概念联系起来才能知道它们是什么。前文提到"Chair"（椅子）这个符号，想知道椅子是什么，我们必须了解坐的概念以及椅子跟别的家具的异同等等。

（3）评估。评估指的是依据认知而做出的价值判断。考察旅游跨文化行为的一个有效方法是观察旅游者对某旅游项目或旅游事件做出判断时所产生的愤怒、困惑、惊喜等情绪。人们对评价的指标结合有意义的情景或情节加以分析，就可以得出有关行为是对、是错、是好、是坏的感觉。

本书所说的交流是指意义的生成。当然，交流这一概念也有文化差异。平时，人们常说"交流失败"、"缺乏交流"以及"有必要进行交流"之类的话。这些说法并不是指没有生成意义，或者没有发生交流，而是指说话人对交流的方式持否定的态度。

真正意义的交流必须具有互相支持、紧密而有弹性的特征。有学者经过研究认为，双方必须经过四个步骤才算得上进行了交流。第一，有一方提出重要话题；第二，对方承认这个话题的合理性；第三，双方有一致的观点；第四，结束对话的方式能表示彼此都是善意的"你好，我好"的感觉。如果缺少任何一个步骤，不论生成和传输了多少意义，结果都是缺乏交流的表现。当然这种交流模式在不同的文化中具有不同的特点。

虽然交流具有许多文化差异，但笔者认为交流有两个特征在所有的文化中都具有普遍性。一是交流具有相互依赖性，二是交流受环境的制约。

按照人的思维，我们喜欢把世界想象成是由各种简单的因果关系构成的。这种习惯反映在社会科学里就是用变量和因变量的关系来解释人的行为。变量引起因变量的某些反应，这常见于许多交流模式中。说话人往往被看成是变量，听者则是因变量，说话人要说服听话人，或向听话人传递信息、提供娱乐。当听话人变为说话人，比如要提供反馈等等，这时，双方的角色发生了转换，原先的因变量就变成了变量。多数的交流训练用的就是这一模式，它的前提是，如果交流中出现了问题。那么交流者应学会如何更有说服力、更清楚明白，或者更幽默。

此类模式虽有反馈，但往往扭曲了交流过程，因为它忽视了交流双方同时对彼此产生影响的事实。这种影响不仅仅表现为用甲引起乙的反应，而是更多地表现为甲乙之间不断地影响彼此的选择，而且往往是在不知不觉之中相互影响。老师给两个不同的群体学生讲同样的课，但讲的过程绝不会一样。这是因为，在授课过程中有相互作用，所以以每个交流的细节都不一样。任何交流事件的性质和取向都受参与双方各自不同选择的影响，哪怕选择是在不知不觉中进行的。这种现象甚至发生在看似单向的交流活动中，比如操练军士要向士兵发出口令，而士兵注意的程度会影响（但不是决定）军士发出口令的方式。

了解交流的相互依赖性是非常重要的，因为它能改变我们对跨文化问题的看法。像"她真的让我恼怒"这样一句话显然是歪曲事实的，而且无益于解决问题。虽然"她"可能真的让人愤慨，但是要不要发火则需三思。在不同的情况下，同样的行为可能引起愤怒也可能引起别的反应。如果我在高速路上开车时看见有人朝我"弹手指"，我可能会恼火，也可能会笑起来，甚至会觉得那人可怜，这要依我的情绪和当时的环境而定。我们的反应是有选择的，认识这一点对跨文化交流非常重要，因为有了这种认识，我们就不会把问题的责任全部推到交流的一方身上。常言道，"一个巴掌拍不响"，我们必须积极设法化解矛盾，但不要把所有的不是都往自己一方揽。当然，有时候，对引起误解来说，交流双方的责任是不均等的。总而言之，旅游者与东道主之间的社会互动的可能性及其交流的有效性依赖于他们之间所具有的文化知识。人们所具有的文化知识越丰富，对其他文化群体的了解越是深刻，也就越能够更好地预测他人的行为。其结果是能够更为容易地进入社会关系。

交流或者说意义的生成总是在某种程度上受环境的制约。我们评估意义总要参照某些语境。比如，"我也爱你"这句话，说给母亲是一个意思，说给妻子是另一个意思，而说给女儿则又是一个意思。再如，我在高速公路上开车，刚才提到的那个人向我伸出手指，我要说"我也爱你"，那意思就大不一样了。同样的话，在不同的语境下生成了不同的意义。每一种文化都以不同的方式来组织语境因素，所以我们必须理解在不同文化背景下的具体语境。

第二节　旅游跨文化交流的表现形态

采取文化视角的学者用来解释或预测社会交际的方法之一是把文化与文化的某个具体表现形态联系起来。人们最常说的旅游文化表现形态是世界观、价值观和行为规范。文化的这三种形态在许多方面是彼此相关的，但有一个主要的方面能反映它们之间的不同，那就是抽象的程度。概念越抽象，跟物质世界的关系就越疏远，结果一个概念可以用来包装许多不同的东西。世界观、价值观和行为规范之间的关系类似于财富、家畜和牛之间的关系。财富是非常抽象的，许多东西都可以称为财富，其中可以包括家畜。世界观就像财富，因为它可以包括许多价值观和行为规范。两个人可以有相同的世界观，但未必有相同的价值观或行为规范。价值观不如世界观那样抽象，但它也有很大的包容空间，比如诚实或爱的表达方式或行为规范，这正如家畜比财富更具体一样，因为家畜可以包括猪、鸡、牛等等。最后，行为规范要比世界观或价值观具体得多，这正如牛比家畜更具体一样。

人们对文化的三种不同层次的表现形态进行了多年的研究，这些研究成果为我们认识文化与交流的关系提供了许多有价值的理论参照。

世界观是关于世界是什么的抽象概念。一般来说，世界观是无可争辩的前提。通常，世界观是在潜意识发挥作用，因而我们甚至不知道是否存在或应该不应该存在＿的认识世界的方法。就像我们呼吸的空气一样，世界观是构建我们的身份的重要内容，也是我们一般不会去想的部分。

下面我们通过八个问题来讨论世界观。当然，每一个问题也只﹣反映一个人或群体全部世界观的一个部分。不过这八个领域涉及的问题具有一定的广泛性，也包括了有关跨文化差异的许多热点内容。

（1）我是谁？在研究跨文化差异时，人们往往用个体主义／集体主义的概念来解释跨文化分歧问题。在回答"我是谁"这个问题时，许多人强调的是他们跟周围的人有什么不同。他们突出那些使自己有别于他人的特殊性，这种视角就是典型的个体主义观点。而集体主义视角则与此相对，强调跟他人的关系和群体身份，比如家庭身份、职业身份，或其他群体身份（我是中国人）。

虽然世界观往往是在潜意识里发生作用，但人们可以认识这些差异，并用以解释跨文化环境下出现的问题。

如果从个体主义的视角来看，跟朋友简短地打个招呼，然后继续干自己的事情，这似乎不算什么大问题。然而，从集体主义的观点来看，这样的人际关系对我们的身份是至关重要的，即使要牺牲个人的便利也必须加以维护的。这种差异并不是说采取集体主义取向的人没有个人目标，也不等于说采取个体主义取向的人没有家庭观念，或者说没有团队精神。但是这种差异的确表明我们不仅在如何看自己、看别人的方法上存在着差异，而且在群体利益和个体利益之间发生冲突时我们该作如何取舍上也存在着差异。任何文化群体都会在实现自我与满足群体利益之间产生冲突，但是如何认识和解决这种冲突却因文化的不同而有所不同，有时还会引起相互间的误解。

（2）如何构建社会地位？天命论基于这样的观念，认为一个人被授予某种东西而不需要付出任何努力。关于人的社会地位的天命论，最典型的例子也许就是印度社会里传统的种姓制度。在这种制度里，每个人的社会角色或地位是与生俱来的，谁也用不着也不应该改变这个地位。相反，应当努力实现这个地位。尽管种姓制度在现代社会里已失去过去那样的权力和法律地位，但现实中人们依然有这样的意识，尤其在印度乡村里，这种意识对人际交流仍产生着很大的影响。天命论的其他表现形式可见之于家族企业。在家族企业中，家族成员不管能力大小都可以在企业中接任职位，也就是说不管有没有成就，只要是家族成员，或者是某某大学的毕业生，就可拥有某种地位。天命论承认，获得某些权力（包括特权）的条件是个人无法控制的。

成就论的观点则认为，个人的社会地位是由自己的努力决定的。这说明改变个人的生活地位不仅是可能的，而且应当得到鼓励。许多主张"积极思考的力量"的演说家和作家靠的就是他们的受众怀着成就论的世界观。典型的例子是关于亚伯拉罕·林肯的故事。这个故事在美国是家喻户晓的。林肯出身贫寒，后来当上了总统。有些美国人由于偏信成就论，所以忽视美国社会存在着的阶级差别及其对个人成就带来的帮助。

（3）应当如何组织社会？按照人人平等的社会理念，每个人都具有同样的意义和价值，而主张等级制的社会理念则认为人与人之间存在着必然的差异。社会平等的观点认为，每个人都和任何其他人一样重要。等级观念的看法是每个人的重要性见之于彼此角色的互补之中，而个人的权威决定着自身的相对价值。在以等级观念的视角看世界的社会里，人们自然会认为，如果在权威者（比如警察）和普通市民之间出现了问题，那么权威者是对的。属于组织性的决定自然应该由权威者来做，因此个人是因社会地位而得到相应的尊敬的。

美国人喜欢平等，但不能脱离某个已知的起点。所以必然要淡化这样一个事实，即每个人与生俱来的历史语境所提供的条件千差万别。美国人常给弱者鼓劲儿，但说到底还是爱胜者，而且会毫不犹豫地给成功者以明星的地位。在美国，体育比赛打个平手是极不令人满意的，而在丹麦却不是这样。从许多方面来看，美国人喜欢按个人成就划分高下级差。从这一点来看，丹麦人更看重结果的平等而不是起点。

有一些国家，那里的平等观念比美国更为广泛。丹麦是一个有点令人费解的国家，因为丹麦跟泰国等其他一些国家一样，也是有国王的。但是在丹麦人的眼里，国王并不比一般的平民高贵，有许多故事都反映出这样的认识。这种人人平等的态度也从丹麦的许多社会制度中反映出来，比如健康福利制度。在丹麦，健康福利人人都有保障，不存在上保险的问题，也不必考虑掏钱。这种平等还反映在经济地位上。在美国，贫富差距很大，而在丹麦则要小得多，因为丹麦的法律和公众舆论都不鼓励拉开差距。丹麦人有一种观念，认为一个人不应该过于出众。

（4）人的本质是什么？有的社会认为人性本善。面对选择，人往往取从善之道，以此而论，人是可以信赖的。还有的社会认为人是不可信的，一有可能谁都想占别人的便宜。按此观点，人性本恶，须以法律规范，并辅之以防犯措施，而且时时加以监察。到银行去办事，

注意一下那里为你准备的填写文具。钢笔是拴在桌子上的还是随便放在那里的？这一做法说明银行的业务人员有什么样的心理期望？宗教信仰差异是许多文化差异的核心，但其最明显的表现也许就在于人性善恶的世界观上。许多宗教都认为人性本恶，所以需要赎罪。基督教有所谓原罪的概念和婴儿洗礼的做法。这种价值取向也出现在别的宗教里，比如伊斯兰教认为人有恶的本我，如不加以提防，那个恶我就会表现出来，所以要求男女信徒把自己包裹起来。按照印度教的观念，人性本善，痛苦的根源在于人没有认识自己的真正本性。

问题研究的深入使关于人性善恶的讨论更趋复杂化。人能够改变固有的本性吗？人总是非善即恶吗？有人主张人性不可改变，人生来善恶分明，是善是恶顺其自然，没必要改变。我们从道教的一些观念里可以找到这样的例子。然而许多宗教都是以弃恶从善的观念为基础，其核心是人性本恶，但可通过转化的过程而得到拯救。当然也有例外。印度教认为人性本善，但由于无知，这一本质往往并不表现出来。按照这一观念，只有认识上的改变而没有本质上的改变。此外，基督教发展最快的教派之一的摩门教认为，人性本善，但面对世俗的挑战，人有可能从恶。按此观念，改变是善的回归或修复。

（5）我们与自然是什么关系？主宰自然的观念认为，我们有可能也有理由控制周围的世界，或者说征服自然。这种观念的表现之一是强调占有，比如占有土地、水和动物。主宰的观念往往以微妙的方式表现出来。

表现主宰观的另一方式是人积极努力发明技术来改变环境而使生活更方便（比如空调、汽车、杂交农作物等等）。因为这些东西能改善我们的物质生活，所以它们很自然地成为我们的物质追求。

与主宰论相对，有的文化对世界则采取适应或和谐的态度，这是一种适应的世界观。按照这种观念，人不只是世界的占有者，而更主要的是世界的共同居住者。万物皆有灵，都应受到尊敬，所以人应当努力适应并融入自然环境之中。研究表明，人们在某些协议权利上经常发生冲突，其中使问题复杂化的因素之一就是人们对世界采取不同的态度。

（6）语言的主要目的是什么？有人认为传播的主要功能是充当社会润滑剂。这种观点强调的是信息对社会关系、对个人乃至对公众形象所造成的影响，而信息的准确性则并不及直接的社会意义来得重要。按照社会_滑剂的观点，传播具有很大的威力也有潜在的危险，所以必须予以认真对待，不能漠然置之。主张这种观点的人不信任说话太多、太随便的人，因为这是不成熟的表现。与上述观点相对，有的社会强调传播的信息功能，认为传播是一个中性容器，是人用以传递思想的工具。言语是否准确、是否直接、是否清楚明白都十分重要，这是由信息的需要所决定的。此类社会崇尚演说家，而演说作为一个研究

课题在社会上是很受重视的。

当然，任何文化都承认传播具有信息和社会两方面的功能，但是尤以哪一方面作为主要方面加以强调则存在着很大的文化差异。

（7）意义主要在哪里？爱德华·霍尔发明了强势语境和弱势语境的概念，指出"强势语境交流，大部分信息在（已经在）交流者这里"，而"弱势语境交流则相反，信息被包裹在清晰的符号中"。这就是说，某人既可参与强势语境交流，也可参与弱势语境交流，实际属于哪一种则要依其具体情况而定。（比如你和好朋友的交流语境往往强于跟一位不太熟悉的商业合作人交流的语境）。这一点毫无疑问是正确的，但是不同群体的人们对什么是合适的交流方式也有一些不言而喻的共同期望。在强弱语境连续体上处于强势语境一端的人相对来说更依赖于语境线索，比如背景信息、社会环境、交流者的社会地位以及先前的经验。而处于弱势语境一端的人则更强调交流用的词语。在农村社会里，因为有许多共享的信息，所以交流往往采取强势语境的方式。握一握手就可能做成了一笔生意，一句话和一个眼神就能传递许多意义而不用合同再加许多说明。而按照弱势语境的交流观点，社会关系或环境并不重要，重要的是用词用语能清楚地表达信息。

强语境文化依靠大量的语境信息和背景信息，因而交流往往十分快捷，亦令外群体的人感到难以理解。相比之下，弱语境交流则更加明确。不过，弱语境文化更有利于个体的改变和发展，因为强语境文化便于个体身份在确定的社会背景下迅速得到辨认和理解，而在弱语境文化里则更容易改变和发展新的关系和联系。以下是弱势语境文化区——我国云南省发展旅游业的例子：

云南有着崇山峻岭、江河湍急、山间坝子相间的地理环境，以及少数民族小聚居、大分散的民族分布特点，造成了与外部世界交往的藩篱，以至于许多少数民族间的交流也较少甚至隔绝，形成了少数民族文化多样性的格局。同时，也就为少数民族的原生文化的传承和长期延续提供了一种屏蔽条件。随着旅游开发进程的不断加速，游客对异文化的渴望和追求，少数民族文化的价值在旅游大潮中得到重新诠释。

云南经济落后地区虽然都是弱势文化聚集区，但由于千百年积淀和延续的文化资源，对人类文化的发展有着特殊而重要的历史意义和现实意义，是发展旅游业的重要条件。由于少数民族文化机制的推动，能歌善舞是其表现人与人、人与社会、人与自然和谐关系的重要手段，他们会走路便会跳舞，会说话便会唱歌，从"自娱"、"娱神"到"娱他"无须更多形式上的转换。而这些少数民族经济落后地区，要在其基础上去发展高新科技产业，显然是缘木求鱼。但发展民族旅游却有着强势文化无法比拟的优势。

云南的这些少数民族弱势文化聚居区蕴藏着丰富的人文、自然旅游资源。一般说来，民族旅游的源起，取决于旅游开发地区的'民族文化与其他地区的文化具有巨大的差异性，民族文化中蕴藏的古朴和神秘奇异特征是旅游发展的重要推动力。云南各少数民族文化虽较之强势文化区域的人文资源居于边缘，但其多元化的神韵使其更具特色，更加丰富多彩，对游人更具吸引力。"一个国家的民俗，如果其民族品格越鲜明，原始气味越浓，历史氛围越重，地方差异越大，生旅游跨文化交流行为的分析方法活气息越足，那么，正是一种最能吸引异国异域游客的特色旅游资源。"① 从本质上说"人们旅游的目的是为了了解和体验与自己周围环境和文化氛围不同的东西，差距越大，体验就越深，对游客的刺激也就越大"②。这就是近几年来，云南民族旅游火爆、高潮迭起的深层原因。在丽江路遇一海外游客，曾游古城九次，每次都带来不少亲朋好友，声称以后还要不断再来。有一川人，游遍全国名山大川，历经人间沧桑，最后择丽江古城临小桥、流水而居，优哉游哉，乐不思蜀。

另外，云南的雪域高原、热带雨林、高山草甸、江河湖泊、物种基因库、地质博物馆、活的社会化石和千姿百态的民族风情大部分都分布在少数民族地区，构成云南少数民族旅游发展的优势。因此，从弱势文化区域的自然和人文条件分析抉择，发展旅游业是最合理、最明智的选择，是最有利于云南少数民族文化延续、人与自然和谐发展的产业，也是前景看好而最具有可持续性发展的产业。

（8）时间如何发挥功能？多向性指的是一次做许多事情，而单向性则指一次办一件事。以单向性的视点看，时间是线性的。约会的时间和日程安排是非常重要的。单向时间的人不管做什么事都要考虑尽量不耽误下一个约会。而多向时间的观点则看童时间而不是钟表。像会话、工作之类的事情都各有自己的时间，即便有人误了钟点也没什么大不了的。

我们属于许多不同的文化，所以同一民族的两个人也许不及具有某个相同职业或相同经济地位的两个人更具有文化相似性。不同的场景也可能影响我们在连续体上的位置。当我独自一个人时我会如何看待自己？当我和朋友、同事或家庭成员在一起时我又会如何看待自己？这些因素都会对我在连续体上的位置造成影响。集体主义取向和个人主义取向都各有不同的类型。某些集体主义形态的时间观念强调成员身份，突出孰先孰后；有的则看重目前的群体成员身份，比如工作的组织或就读的学校。我也许属于个体主义取向，但是我同时也相信自我是被发现、发明创造之物吗？真正的自我是当我完全处于随心所欲之时表现出来的，还是当我迫于困境之时的产物？

不同的文化有不同的世界观模式。比如，在美国绝大多数人都处于个体主义和个人成就那一端，而印度人则倾向于集体主义和天命归因那一端。然而，在个体主义和个人成就之间并没有什么必然的联系。

比如，日本文化具有很强的集体主义取向，但同时也十分强调成就感。有人觉得日本会永远以集体和谐为主导，所以对日本也存在激烈的竞争感到惊讶。当然，与美国相比，日本人的成就感更突出集体和群体的相对地位。

世界观的问题有时也表现为价值取向，不过，为了便于理顺概念我们还应区分世界观

---

① 田里：《论民俗旅游资源及其开发》，杨慧、陈志明、张展鸿主编：《旅游、人类学与中国社会》，云南大学出版社，2001年，第286页。

② 彭兆荣：《"参与观察"旅游与地方知识系统》，杨慧、陈志明、张展鸿主编：《旅游、人类学与中国社会》，云南大学出版社，2001年，第144页。

和价值观之间的差别。这一点非常重要，因为世界观和价值观之间的差别是十分微妙的。价值观回答的问题是世界应该是什么而不是世界是什么。我们有可能认为人应该诚实、勤劳、待人友善、胸怀大志，但未必人们做到了这些。不管人们是否具备上述特征，我们都有可能认为所有的人都是独立的，都有实现自己意愿的自由。当某些价值观和世界观相互交叉或要面对同一事物时，两者之间的差异就变得复杂起来。我们以关于平等的世界观和关于平等的价值观为例。我可能在一家有严格等级的组织里工作，而且，为了完成某些工作任务，我也十分看重上下级关系，但是我心里可能认为这种等级关系只是一种人为的、暂时性的工作环境，无论我们担任什么头衔或职务，大家其实都是平等的。另一方面，在某些情况下我可能很看重平等，但同时又相信人与人之间存在着能力差异以及家庭出身和社会地位的差异。其实，价值观和世界观也会以更直接明显的方式相互吻合。不过有一点必须指出，世界观截然相反的两个人依然可能有某些共同的价值观，而拥有相同世界观的两个人不一定拥有相同的价值观。

一方面与其他文化群体员享有某些共同的价值观，同时又遵从相异的价值体系，其间的矛盾见之于社会科学界一场古老的争论，即著名的"贫穷文化之辩"。争论的一方认为穷人的文化跟富人的文化不同，因而看重的东西也不一样。据说有的人并不看重物质利益（以热情好客为重，效率和技术次之），所以他们成了穷人或者说获得了较少的物质财富。按照这种观点，穷人既非不成功者又非懒惰之人，只是他们跟所谓的富人所看重的东西不一样而已。主张这一观点的人认为自己少的是私心杂念，而多的是文化敏感。

辩论的另一方则认为这是退却的表现。他们指出有些价值观具有普遍的本质，认为穷人和富人一样看重物质财富。按他们的观点，根本不存在什么"贫穷文化"，只不过有人缺少资源和机会以取得为我们大家所看重的物质财富。以此而观，文化的概念只不过是医治不公平头痛病的阿司匹林。主张这一观点的人认为自己是真正的人文主义者，对待所有的人都应一视同仁。

是不是所有的人都同样看重技术和物质财富？如果我们说别人不看重，那是不是一句用以避免内疚的托词，因为我们有财富而他们却没有？当然，这只是这场争论的一个简单侧面，但这里的关键是争论的双方各有道理。世人都想得到好的东西，我们千万不能凭主观认为那些可能跟我们不一样的人其价值观念也跟我们的不一样。同时我们还要记住，没有唯一的普遍的价值体系。所以，在我们认为没有价值的东西可能在他人恰恰认为是有价值的。

我们所珍视的东西，比如个人空间、诚实、抱负、善良等等，都是我们认为有意义的好东西。因此，当我们无法体验这些东西的时候，我们最清楚它们对我们来说具有多大的价值。

价值观念有三个层次：核心层，中间层和边缘层。层次不同说明重要意义上的差别。研究表明，对美国人来说，效率是核心价值而热情则是边缘价值。你一定能够想象到美国人置效率于热情之上的例子^美国人给拉美人留下的印象是先做生意再谈关系。而在美国人看来，拉美人那种先认识对方乃至建立感情的做法是次要的，或者说根本没有必要。不过，你也会遇到为了表示热情而先把效率搁在一

边的情况。其实我们很难把此类价值观念绝对地分成适用于任何情况的层次或类别。即使承认价值观念有不同的层次，也要分析具体情况，否则会因为忽视差.异而引发不必要的误解。

运用价值观念来预测行为是困难的。其中的一个难点是同一价值观念有许多不同的表达方式。也就是说，某一价值观念可以表现为各种不同的应该和不应该之类的说法，亦即行为规范。行为规范是社会规则，它规定了不同类别的人应该做什么、不应该做什么。

杰克·康登在《论美国人和墨西哥人的关系》一书中指出，美国文化和墨西哥文化都看重诚实，但如何表现诚实却各有不同的规范。美国人做客吃饭，如果对饭菜不满意也会表示谢意，见到在业余演出中表现不佳的朋友会表示鼓励，这时很少有人绝对诚实地说饭菜难吃、演艺不佳之类的话。对墨西哥人来说，不讲实话甚至合理地编假话的情况要比美国人多得多。我们常说人的价值观念不一样，其实往往指的是行为规范的差异。这种差异往往会造成对他人或其他群体的负面印象。

规范一般分成两大类：一类是指导型，一类是象征型。指导型规范就是对行为提供直接指导或管理。如果在课堂上有一条规则，要求学生在发言前先举手，那么，我们会希望所有的学生都这样做。假如哪位同学不这么做，结果会因违反纪律而受到处分。相对来说，象征型的规范则并不要求有具体的行为，而是对行为发挥间接的指导功能。其主要任务是在面对行为冲突时代表团结并提供一种和谐。

显然，规范并不给行为以严格的规定。但规范的确为当前的事态提供一个共同的基础。不过，当不同的文化交织在一起时，这个共同的基础便消失了，取而代之的是各种各样的判断标准。

第三节　文化与交流关系的认识及意义

关于文化和交流关系的两种认识论有各种不同的说法，我们这里把它们分别称为统一力量观和反射力量观。

一、统一力量观

统一力量观最初借用的是物理学的概念，它有两个基本假设：第一，我们依照一种因果模式来解释人的行为。人的社会性决定了人在一定的刺激下（环境、心理等）会以有规律的、可预测的方式进行交流。第二，以此因果关系为基础得出的结论适合于整个文化群体，因而具有普遍性。

按此观点，文化是决定我们如何进行交流互动的独立变量或原动力。这样，如果了解某人所属的文化，那么，文化的三种表现形态，即世界观、价值观和行为规范就可为我们提供预测其特定行为的可靠依据。所以有必要指出，统一力量观的前提、文化和交流之间的因果联系，以及这种联系的普通性这一系列问题都是有待进一步论证的。

二、反射力量观

反射力量观的依据是两个互不相同的假设。

第一，意义读解论。关于文化和交流之间的关系的假设不是因果，而是一种意义读解。世界观、价值观和行为规范都是为了提供意义的。它们帮助我们读解我们周围这个世界的意义；我们用它们来解释过去发生的事情，形成关于现在的共同认识并为将来制定计划、协调行动。当然，不同文化之间在行为规范、价值观和世界观方面的差异使彼此的交流过程更加复杂化，但我们依然可以发现差异的存在并不改变其帮助我们认识世界的功能。我们的行为和思想虽然不会与行为规范、价值观和世界观永远保持一致，但总是以这些文化形态为依据。假如某一文化群体崇尚善良，你不能保证每个成员都永远善以待人，但是你可以确信，在该群体中人们会以善良作为评判自己及他人行为的标准。

第二，环境决定论。反射力量观的假设是，文化形态与交流之间的关系是受环境决定而不是一成不变的。某一行为规范在某群体中备受推崇，这并等于说不存在合理违反这一规范的情况。一条关于准时的规范可能在某些情况下，当然不是在任何情况下，让位于一条关于个人卫生的规范。不了解环境的重要性，不了解环境有可能改变什么合适、什么有效这样的事实，我们必然会在跨文化交际中碰钉子。如果忽视环境的作用，那么，行为规范、言语方式、价值观和世界观这些东西就有可能变成僵化的成见，而成见对跨文化交流既能产生积极的作用，也能产生消极的作用。我们知道，人们关于不同群体的各种成见在许多人看来是正确的，但事实并非如此。这一事实可以很好地说明环境决定论的意义所在。

总之，文化和交流之间的关系是相互反射的，彼此作用，相互影响，但谁也不能完全决定对方，不同的文化各有自己的模式和特征，但这些模式不是僵化不变的，而是活性的，因环境而改变的，最终必须服从人的需要和满足交流的目的。文化有助于形成共享的意义和协调的行动，任何一种资源都可能为完成某项任务提供方便。就某一具体的交流过程而言，其间的意义和行为可能令人费解，但人们可以解读其文化模式并以积极的方式解决其中的矛盾冲突。

综合上述分析，我们认为，旅游跨文化交流具有以下三点意义：

（1）提高个人能力。研究跨文化交流可以增加我们对世界的认识和理解。我们会发现，先前我们以为想当然的东西，还可采取其他视角来加以认识，这样我们就可以学会用新办法来解决老问题。了解多个不同的视角可以扩展我们的认识视野，相反，如果忽视或者躲避差异，不愿意跟有文化差异的人进行交流，那会把我们关进一个笼子里，里面固然舒服，却束缚了我们的发展，也为将来留下了更多的障碍。希望本书能成为一把打开任何有可能把我们禁锢起来的文化牢笼的钥匙。

（2）获得知识。研究跨文化关系能扩展我们的自由空间。知识就是力量。跨文化知识的增长使我们在许多实践领域获得力量、得到解放。比如，我们可以从盲目选择的桎梏中解放出来，取而代之的是，我们有能力做出理性的选择，从而使我们在日常生活中的行为既有效又符合规范。这些选择可能关系到社会的、个人的、商业的乃至政治的等等各个生活层面。当我们了解了差异及其产生的原因之后，我们就可以摆脱无知所引发的埋怨和冲突的狭小圈子。

（3）改善关系。当我们从无知和消极埋怨中解脱出来，我们就能建立起更好的关系。也许跨文化研究带来的最大利益就是使我们有能力跟各种各样的人建立和维护良好的关系。笔者认为好的生活与好的人际关系是分不开的。文化是每个人生活中的重要基础。由于交通和传播手段的进步，世界在许多方面都比以前变得更小。然而，即使是在本地社区里，我们既有机会也有必要跟那些拥有不同世界观的人进行交流，其结果必然引起认识上的分歧和困惑。研究跨文化交流的目的就是开辟应对这种挑战的资源，使我们能够认识差异，互相促进，共建能和睦相处的社会。

第四节　民族文化旅游及交流在资源开发中的作用

文化旅游本身也具有很多特殊性和矛盾。如与娱乐旅游者相比，文化旅游者将更深更广泛地与当地人接触，因为他们要到村庄和遥远的地方去参观、访问。有的学者认为，这样当地文化就容易"被剥削"和"破坏"，旅游者被这些地区的淳朴的乡村生活及没有遭到破坏的宁静和环境所吸引，于是他们就去旅游，做调查，深入当地人的文化，这样难免会给当地人的文化造成影响，甚至造成破坏。但有的人认为，游客到东道地区旅游将给当地人带来文化上的复兴，使当地人产生了自豪感和自信心，并加强了自身的民族凝聚力。他们从此意识到自己文化的重要性和价值，因而更知道怎样去保护自己的文化。文化旅游的另一特征就是，由于文化旅游者大多都是具有一定文化层次的人，他们对"真实性"的要求比一般游客要多。他们要到东道地区的"后台"而不是"前台"去旅游，去工作，与当地人接触，参与到当地人的生活和文化中，他们对当地人文化的影响比其他旅游者要大得多。虽然他们也给当地人从经济上带来了利益，但同时也导致了贫富的差距。在这些过程当中，有些急功近利者为了获得更大的经济利益而不惜把自己的文化当作商品来出卖，这就出现了旅游适应中的文化商品化问题。另外，为了适应大众旅游业的发展，当地人创造了新的文化和"舞台真实"，如云南的民族村就是一个例子。他们认为这样可以更好地吸引游客，但同时又能更好地保护好自己的文化，从这个意义上来讲，他们认为文化商品化不一定会给当地文化带来负面影响。相反，还会给文化带来创新和发展，这有利于一个民族或地区的文化的发展。

随着旅游业的发展，一些不利的影响开始出现。在这些问题当中，一个突出的问题就是如何处理好传统文化与现代化的关系，换句话说，也就是如何处理好文化与旅游的关系，因为旅游业本身就是现代化的产物，另外，旅游业的发展还是一种双向性的活动，即东道主和游客之间的活动，这种活动必然会产生一些问题。如文化涵化就是一个例子。涵化指的就是两种文化在碰撞和接触中，相互发生影响，发生变迁，其中一种文化要么适应另一种文化，要么抗拒另一种文化。文化旅游在开发过程中也必然碰到这个问题。如游客的到来必然带来外来文化，而外来文化必然会对东道地的文化产生影响，进而出现了文化适应问题。而作为文化旅游者来说，他们认为自己已为这次旅游付出了钱，所以他们要看他们所想要看的东西，特别是那些奇异的东西，如民风民俗，即所谓的地方特色，以便开阔眼界，获得更多的知识、教育，使身心同时获得愉悦。如人类学家、社会学家和考古学家，他们希望参观遗迹，了解那些濒临消亡的文化，以获得作为研究的第一手资料。因为他们认为古遗迹能传达历史的真实信息。对于那些怀旧的旅游者来说，他们希望通过参观访问名胜古迹来追寻历史，缅怀祖先。对于那些想要欣赏"奇异"的民族文化的游客来说，他们不仅要亲眼看见，而且还要求亲自参与到当地人的活动当中，如节日活动和宗教仪式中去。他们要观看舞蹈和演出，品尝地方的食品，购买地方的手工艺品。他们把这一切看作是最"真实"的东西，并且他们认为这种所谓的"真实"的东西，不是在身边，而是在自己身边以外的地方，所以他们要去寻求。然而这些活动被一些人类学家称之为"帝国主义式的旅游"或"新殖民旅游"。因为他们认为游客每到一个地方去旅游，必然也把自己的文化带到了那里，并对当地的文化产生了影响，破坏了当地原生文化。

然而，对于当地人来说，旅游业的到来的确开阔了他们的眼界，因为他们在与外来游客的接触中逐渐适应了外来者带来的思想观念，他们也因此比以前变得更加精明能干。例如他们意识到，他们可以把自己的文化当作商品来出售，然后从游客身上获取经济上的回报。但最主要的是他们发现了自己文化的价值，这使他们大大增加了民族自信心。许多人类学把这一过程看作是一种文化重创的过程、文化复活的过程和传统文化加强的过程。有的人甚至把这种过程称为"文化复兴"。为此，当地人开始修建他们的历史建筑，这些东西虽然旧了，但却有较大的历史价值！他们开始恢复那些早已被人们遗忘的遗迹；他们开始抢救那些濒临灭绝的传统文化；他们开始穿起节日的盛装，向旅游者展示和表演歌舞，而这些演出和歌舞的盛装以前是要在特殊的场合和节日中才穿的；他们开始制作和重新发明手工艺品，而这些手工艺品以前只是为他们自己制作的，但现在完全是为了满足游客的需要而制作；他们开始举行一些宗教仪式，这些仪式，对当地人来说具有神圣的含意，但现在也是为了满足游客的愉悦。总之，他们创造或再现某种文化，以此来迎合旅游者，并从中获得经济上的利益，但在同时，他们也意识到要加强和保护了自己的文化。

通过上述讨论表明，现代旅游，特别是文化旅游，无论是在经济上，还是在文化上，实际上带给当地人的利大于弊。但是有些人还是提出不同的看法。他们认为，旅游业给当地人带来的文化变迁是负面的。例如旅游业当中的文化重创改变了原有的文化内涵，甚至破坏了其内涵，因为这样的文化变迁产生了其他的负面效应，如文化商品化，"舞台真实化"等等，这对地方文化来说是十分不利的。正如科恩所说的那些，如果一种仪式被拿来表演，其文化和宗教内涵也就丧失了。格林伍德认为，在现代旅游业中，寻求真实已成为一种主题，而文化商品化促使这种"真实性"遭到破坏，虚假的文化却出现了，这对旅游目的地的文化来说是极大的损坏。下面将结合云南旅游业的发展现状，用三个案例来说明这些似是而非的观点。

第一个例子是关于云南丽江地区的洞经音乐。从这一案例中我们可以看到，当地人是如何把这一濒临消亡的文化抢救过来，并成为东巴文化中吸引游客的重要资源。众所周知，洞经音乐是一种道教音乐，在唐朝时期是一种宫廷音乐。它很早就传入云南并在14世纪传入丽江地区，与当地的民间音乐结合，成为纳西民族所喜爱的音乐。但是在"文化大革命"中，洞经音乐与其他古典音乐一起被认为是封、资、修而被禁止演出。到了20世纪80年代，随着现代化的发展，西方音乐受到了年轻人的喜爱。洞经音乐因此似乎被人们遗忘，甚至处于消亡的危险之中。可是随着旅游业的发展，纳西人民开始开发当地的文化旅游资源，以吸引旅游者，洞经音乐就是其中之一。1986年，洞经音乐乐团正式成立，并进行了演出，称为纳西古乐并以其"三老"而引起轰动，演出获得巨大成功。其中"三老"即：老演员（大都在八九十岁）、老乐器、老乐曲。该乐团还到英、美等国进行演出并引起轰动。洞经音乐从此成为丽江文化旅游资源的一个重要部分。这一点恰好符合了美国著名人类学家格雷本的论断："越是濒临灭绝和消亡的东西，越吸引当今的都市旅游者。"现在到丽江旅游的游客，都要把听洞经音乐当作重要的活动之一。这是一个挽救和保护传统文化的例子，可问题是，随着游客的大量涌入，当地人也发现其商业文化的价值。一些模仿乐队也相继出世，他们都宣称自己是"真实"的，另外随着那些演出者年事已高和相继去世，取而代之的将是年轻的一代。对此有许多人对这一古老文化的保护和传承产生了疑问和担心。但也有人认为，无论怎样，洞经音乐必须保持其传统特色，这是大前提；但是要与时俱进，有发展变化也是不可避免的。

第二个例子是民族节日。这个例子展示了一个宗教节日是怎样在旅游活动中逐渐淡化了其神圣的宗教内涵而变成了一种商业和群众文化活动的。这个例子就是云南傣族的泼水节。众所周知，每年4月的傣族泼水节是傣族人民的新年，它起源于印度，是一种婆罗门教的仪式，之后又从缅甸传入傣族地区。这是一个典型的宗教节日，在这一天，傣族的男女老少都穿起盛装，把清洁的水泼向佛教的寺庙和佛像，然后彼此相互泼水，因为他们认为水能除去邪气而给他们带来吉祥和幸福。随着旅游业的发展，泼水节也变成一种群众性的民俗文化活动，许多中外游客到傣族地区，如到西双版纳旅游，他们看到这一节日活动感到十分有趣，并亲自参加这一活动，与傣族人民一道欢庆这一节日。可以这么说，泼水节已成了傣族文化的象征。但问题是，由于泼水节如此受欢迎，在当地，人们为自己的文化而自豪的同时，泼水节也成了一种大众化的，甚至是日常化的活动，有时还带有表演性质的活动。人们不禁要问：这还是一种宗教节日吗？它的神圣的内涵还存在吗？按前面我们说的西方旅游人类学两种观点来看，笔者认为民族节日文化要完全保留原始的宗教内涵，也是不可能的。保留这种文化的原有形式特征，逐渐淡化其宗教内涵，也是历史发展的必然。白族的"三月街"、"绕三灵"不就是如此吗？

第三个例子是关于云南石林地区撒尼人的手工艺发展。这个例子说明了在这个地区民族手工艺品是如何为满足旅游业的发展而被重新创造和被发明。撒尼属彝族的一个支系，主要生活在石林地区。近几年随着旅游业的蓬勃发展，石林以其"天下第一奇观"的美名而吸引了无数的中外游客。从20世纪70年代起，旅游业就为石林地区带来了经济、文化和社会结构的变化。到了80年代，附近的农民都被雇佣到旅游业的服务行业当中，如年轻人经过培训成为该地区的导游；男人们离开了自己的农田到城里寻求工作；而留在家里的妇女也开始做一些与旅游有关的活，如刺绣等，并把这些手工艺术品卖给游客，从而获得一些经济上的回报。刺绣是一种传统的手工艺术品，它象征着撒尼人的一种文化，同时也以其精美的手工制作而受到游客的青睐。可是随着现代化和旅游业的发展，当地人的观念也发生了变化，昔日为自己而制作的工艺品，如今主要是为游客而制作。此外，他们还增加和制作了更多更新的艺术品，以此来吸引游客，并从中获得直接的利益。例如为了迎合游客，他们制作了一些轻便而又容易携带的小工艺品，这被美国人类学家格雷本称之为"机场艺术品"，即小巧而容易携带的手工艺术品。一些当地的文化经纪人和旅游业操作者为了经济的利益，甚至鼓励当地人"发明"一些所谓"真实"的工艺品。如他们发明制作了一些小钱袋，桌布，刺绣的小孩衣服、钱币袋等，其中有些东西是用机器来制作的，完全取代了手工制作，并批发这些产品。对于一些旅游者来说，也许他们喜欢这样的"机场艺术品"，也许他们对工艺美术的审美要求不高，也许他们对"真实"的要求也不高，因此他们愿意购买这些产品。可对于文化旅游者来说，他们很容易地就能够识别这一切。那么在旅游大潮的冲击下，传统文化走向到底应该是什么呢？传统文化应该是原汁原味地保护？还是应该不断创新和变化，并在这一过程中使文化走向新的整合？这些问题成了西方人类学家争论的焦点。也是开发文化旅游实际操作中面临的现实问题。

从上述讨论中我们可以看到，如何理解旅游与文化之间的关系不是一个简单的问题。我们不能简单地用对或错、好或坏来形容旅游业给文化带来的变革。事实上，文化和传统从来都是在不断变化着的，处于变动的过程中，因此当我们谈传统文化的保护，并不意味着传统文化不能改变。但我们在开展文化旅游的同时，也应该考虑以下问题：什么样的文化应得到保护？什么样的文化可以发展？怎样使主体文化在保护的前提下与新的文化融合并且走向新的整合？从上述的案例分析中我们可以看到，旅游业给当地人带来了经济、文化和社会的利益，如生活水平的提高，民族文化的重建等。但有一点很清楚，那就是并非所有的文化都是可以被开发和利用的。全盘开发是不可取的，特别是对于一些具有深厚宗教内涵的文化。正如某位人类学家所说的那样："没有宗教，也就没有了文化"。另外，由于文化是旅游业的灵魂，有的文化可以商品化，这有时会有益于文化的创新和转型，但也并不是所有的文化都可以商品化。特别是在文化旅游日益兴起的今天，人们对文化的审美和品位的要求越来越高，我们更应生产出一些高品位的产品，具有文化内涵的产品，这样才会有利于旅游产品市场的繁荣，满足不同的旅客的需求。旅游产品市场的混乱，反过来将对东道国的旅游造成严重的影响，甚至制约其市场的开发。

第四章　文化全球化与旅游跨文化交流的扩散与整合

毋庸置疑，旅游首先就是人的活动，是旅游者离开久居地前往旅游目的地的活动。由此，旅游必然导致客源地与旅游目的地在空间关系上的相互作用。旅游者的迁移，伴随着物质流、信息流、文化流和经济流，促使旅游目的地与客源地发生物质的、信息的、文化的、经济关系上的相互作用。旅游在旅游者本身得到身心满足的同时，既影响着旅游目的地东道主的生活与环境，也反作用于客源地的社会经济文化发展。目的地、旅游者和客源地各自独立的三者，在旅游事实的开展中，都在发生着文化变迁与涵化作用。正因为旅游与生俱来的本质属性，我们说旅游文化的实质就是旅游的跨文化交流。

第一节　旅游是典型的跨文化交流活动

我们要感谢人类学家做过的这个统计，他们使我们知晓，迄今为止在我们这个星球上生存过的大约 800 亿人中，90% 以上的人处于生活空间转换的生存状态之中。从量与质相统一的哲学思维分析人类这一生存事实，今天的学者应该可以更全面地把握人类迁徙与定居这一对立统一的生存辩证法。什么是人类更为根本的生存状态呢？就整个人类而言，迁徙、漂泊、流动、交流、旅游、旅行……说法都一样，转换生活空间是常态的，是人类根本的生活状态。在人类诞生之初，在文化创造的源头，人类在迁徙和流动中生存与发展，在出现了定居生活方式后人类仍然没有停止过他们出游和交流的脚步。人类将在转换生活空间的和异质文化的交流中源源不断地发展下去。定居是迁徙的补充，是暂时。在人类的历史中存在过有迁徙、游牧而不知定居的时代，而从没有过单一的定居时代。严格的定居就是封闭，封闭就会导致静止、退化乃至毁灭，这样的实例在文化人类学那里俯仰可拾。现代社会，人们似乎已无须迁徙或漂泊，定居生活已一切就绪之时，旅游就成为深藏于人类无意识中迁徙情结的必要补充和代偿。这时，旅游成了推动定居人民创造生活和发展的必不可少的动力。在未来的社会里，古老的转换生活空间的生存方式将越来越失去其存在的可能，而旅游，包含着那些商业、求学求知、科技、艺术、宗教等文化交流动机的……笼而统之的大旅游将越来越发达。或许人类由农耕和工业生产而定居下来的生活方式会"还原"，特别是在后现代生活趋势下，人们或许会为拥有两处或多处居住地的季节性定居，过一种定居和旅游互补的生活方式。①

跨文化交流从其现象来看并不是什么新东西，所有的远程旅行、旅游都是在具有不同文化背景的人们中进行的接触，由此也定会产生跨文化交流。跨文化交流当然古已有之。我们甚至可以说，跨文化交流的历史，就是人类本身的历史。

在有文字可考的历史中，古代巴比伦著名的汉穆拉比法典的第 280 条和第 281 条，就记载了到国外购买奴婢的规定。古代埃及在公元前 1750 年，远在古希腊智＾踏上埃及土地之前就有埃及人与亚洲人交往的记载："真的，亚细亚人已经越来越变成和埃及人相似，而埃及人却变成和那曾被抛弃在道路上的外国人相似了。古希腊时荷马史诗中表现出的远征及希腊英雄们得胜后的返程旅行，及古希腊罗马智者们的周游等都是古老人类跨文化交流的业绩。美国圣地亚哥大学传播学院教授拉里·A·萨默瓦则说道："你也许会猜想，跨文化传播的需要像人类历史一样久远。从游牧部落到商旅和传教士，人总是与有别于己的他人相遇。人类早期的接触和现在的交际一样，往往是令人困惑的而时常带有敌意。人类认识异族并做出恶意反映的倾向早在 2000 多年前就有古希腊悲剧家埃斯库罗斯表达出来，他写到，"人总是急于责怪异族。"②

西汉时张骞两次出使西域，开辟了西汉通往西域的道路。随着西域道路的畅通，我国蚕丝和丝织品从长安往西，经河西走廊运往西亚和欧洲。这条著名的丝绸之路是古代跨文化交流之路，也是著名的商旅之路，是连接中国和西亚、欧洲人民的友谊之桥。

唐代的高僧玄奘去佛教圣地天竺求经，历时 18 年，带回佛经 1300 多卷，玄奘求经是中印两国人民友谊史上的佳话。同是唐代的高僧鉴真，为前往日本，12 年间不辞劳苦，竟至双目失明，公元 753 年，鉴真 67 岁东渡日本成功。鉴真东渡在传播佛法的同时，还带去了中国的建筑、雕刻、文学以及医学。日本奈良唐招提寺至今仍供奉着的鉴真坐像，被尊为日本的国宝，成为中日两国文化交流的象征。玄奘与鉴真只是古代无数传教布道和宗教文化交流的杰出代表，同时成为当今开展宗教旅游的历史渊源。

明代的郑和率庞大的船队 7 次出使西洋，到过中南半岛、孟加拉、南洋群岛、印度、伊朗及阿拉伯其他地区，最远到达非洲东海岸和红海沿岸，访问了 30 多个国家。郑和下西洋不但是古代世界航海史上的壮举，更是古代的大规模跨文化接触的诗史。

事实上任何一次古代的旅行和现代旅游都归属于文化交流的范畴，跨文化交流本身是同文化交流的变体或扩展。今天人们强调的"跨文化"，是因人类的交通与通信工具发达的现代社会，科学技术的进步，压缩了时间与空间，缩小了我们这个世界，使得生活在不同文化地区的人们之间的交流变得空前的容易。各种媒体、信息高速公路以及通信技术的发达，使我们人类迎来了信息化的时代。信息化的社会跨越了地区、民族以及文化的界限，消除了时空的差距。今天，无论世界任何地方发生的重要事件，都能很快地传遍全世界。

① 关世杰著：《跨文化交流学》，北京，北京大学出版社，1995 年版，引言。

② 拉里·A·萨默瓦：《文化模式与传播方式——跨文化交流文集》，麻争旗译，北京，广播学院出版社，2003 年版。

高度信息化的时代使地球上的人们几乎同时拥有信息。

我国自 1978 年实行改革开放政策以来，不仅国内各民族各地区间的相互交往日益增多，而且各行各业的人们与五大洲的各种肤色、各民族、各种文化的人民的双向交流也日渐频繁。

我们将不同文化的人们一起交往的过程称为跨文化交流或跨文化交往。一些学者曾探讨交流和交往两个概念之间的区别，认为交流的重点在于相互理解，而交往的重点则在于行为和行动。不过，在此我们可以忽略这些区别。在旅游行动中增加相互的了解和理解，既是交往也是交流。当归属于不同文化的人们走到一起，而他们相互清楚对方是"不一样的"，他们感到相互"陌生"，那么，跨文化交流就开始了。跨文化是指参与者依据自己的代码、习惯、观念和行为方式了解某陌生新异的代码、习惯、观念和行为方式的所有关系。因此，跨文化就包括对所有的自我特征和陌生特征的认同感和奇特感，包含亲密性和危险性、正常事和新事物等对人的中心行为、观念、感情和理解所起作用的关系。跨文化交流学也就研究这样的具有不同文化背景的个人、组织、国家进行信息交流的社会现象，研究文化与交流的关系，特别是文化对交流所产生的影响，"对文化多样性的关注使人们把文化和传播结合起来并把跨文化传播看作一门独特的研究领域。于是产生了这样的思想，即跨文化传播的使命在于考察那些对不同文化成员之间的人际传播最有影响力的文化因素"。①

在社会学文献中，除跨文化交流的概念以外，我们还常常能读到"国际交流"的概念。前者是指不同文化的人与人之间的交往，而后者是指不同国籍的人与人之间的交往。如果文化和国家相互重叠，那么，就不会出现概念上的困难和问题了。而这种重叠一致并不随处可见。属于同一文化的人们常常被国家和民族的界限隔离开来，而不同文化的人们可能是生活在同一国家的成员。由此，跨文化交流和国际交流两者各自包含着不同的内涵。

今天，旅游已是当代社会人类不可或缺的生活方式；旅游业是当代乃至未来社会的一大产业。它曾被认为是紧跟石油业、汽车业之后的第三大产业。到 20 世纪 90 年代，它已成为世界上最大的合法的行业。各种"文化"被不同方式包装并出售给游客，甚至连普通百姓的日常生活——正因为它是异己的生活也被作为商品向旅游者出售。每年的节假日出国旅游的群体规模都特别大，它使其他所有跨国流动的形式都相形见绌。

国际观光旅游已成为一种全世界范围内的现象，是一种无从否认的"国际事实"。实际上它已影响到所有的国家并渗透到大多数国家内部的文化、经济、社会生活和宗教，即使在那些遥远的地方，它也使当地居民生活的各方面都感受到旅游者光顾的影响。如北美和欧洲国家近年来考虑，将它们的工业废弃区，把那些废弃了的磨坊和熔炉、货栈、运河和街区变成名副其实的工业博物馆，以旅游景点的方式出售，意在使当地的经济重现生机。

闲暇业的特点在于异地性。旅游业自然要考虑人们的出游动机，但国际旅游业使人们

---

① 拉里·A·萨默瓦：《文化模式与传播方式——跨文化交流文集》，麻争旗译，北京，广播学院出版社，2003 年版。

与接待国直接进行民间交流和作身临其境的体验。这些特质的共同意义在于，国际旅游业已成为以不同的方式存在于生活中的，并不断充当全球整合的民间文化"传送带"这样的东西。旅游业正发挥着一种日趋增强的文化影响力，这种影响要比其他任何一种全球单一力量大得多。

相比较而言，国际旅游业有一个比其他全球化力量大得多的行动范围，甚至超过了跨国公司所具有的力量。不断增长的文化交流涉及那些连领土边界也无法限制的互动和社会联系。在文化可以用跨越国境的社会网络而自由共生以及交错和重叠的地方，全球化就被旅游者培育出来了。为数众多的国际旅游者促进了名副其实的多元文化的理解以及文化选择的多样性。

自 20 世纪 70 年代以来，国际旅游业正走向全球化。那些富裕的国家仍然是旅游者的主要目的地——美国、日本、法国、意大利和英国占据了旅游收入排行榜中的前几位，那些发展中国家，无论是从游览者的目的地，还是在旅游收入方面，自 20 世纪 80 年代后，都呈上升趋势。东亚和亚太地区的发展中国家尤为成功地吸引了大量的游客。比如在 20 世纪 80 年代，到印度尼西亚、泰国、马来西亚、菲律宾、新加坡以及文莱等国的外国旅游者的人数已翻了一番。1994 年这些国家一共接待了 2500 万以上的游客。而 1996 年我国的旅游收入成了世界上增长最快的国家，比 1995 年增长了 20%。中国在全球观光者接待排行榜上名列第九位。到 1999 年，我国过境旅游人数和旅游外汇收入分别位居世界第五位和第七位，奠定了亚洲旅游大国的地位。至 21 世纪初，这个排名又有新的突破。

21 世纪的世界经济将进入新一轮的上升阶段，这为旅游业的发展提供了极其广阔的市场空间。我国的旅游业将在全球占有更重要的地位，旅游业必将成为中国的支柱产业。

20 世纪 60 年代加拿大学者麦克鲁汉提出了"地球村"（Global Village）的概念。在此之后的 40 年中，科学技术飞速发展，交通和通信技术日新月异，这个"地球村"的村民之间的交往就更便利了。当今越来越多的人生活、工作、学习在不同文化的人群中，不同文化背景的人们的彼此间的交往日益增多。密切的跨文化交流是当今世界的一个重要特征。

无论是旅游团队还是散客旅游者，人们一旦跨入异国他乡，不同文化间的人们一经接触，不论他们愿意与否，或者是否意识到了，他们的所有行为都在交流某种信息，即他们无时无刻不在接收信息和传出信息。两人见面即使一言不发，其容貌、穿戴打扮、举止表情和行为都在传递信息。人们互相接触，问题不在于人们是否在交流信息，而是交流了什么信息。

在当今人类旅游日益频繁的地球村中，为了在不同文化的人际间、群体间、国际旅游交流时避免误会，在个人建立起对异地、他国的良好影响，旅程快乐，在群体间增进理解与友谊，在国与国之间促进彼此友好的文化交流，有利于人类的和平与发展，人们需要了解跨文化交流的知识，提高跨文化交流的能力。不同文化的彼此交流，对一个人的个性和文化属性的发展，对一群体、一国家文化发展的走向都会产生影响。在当今，世界跨文化交流信息量加大加快，其影响也在加大加快。跨文化交流对文化发展的影响是客观存在的，其中也是有规律可循的。人们需要认识跨文化交流的规律，只有认识了其中的规律，才能在跨文化交流中走向自由。

掌握和了解旅游跨文化交流的知识和能力，其目的大致有三个。

第一，通过旅游接触、观赏及参与当地人的民俗活动，培养人们对不同的文化持积极理解的态度。文化是有差异的，通过发现对方的不同点，反过来加深对我们自身文化的理解，从而做到客观地把握各自的文化特性。在发现差异的过程中，也要注意不可忽视大量的共同之处。

第二，在旅游中学会旅游，培养跨文化接触时的适应能力。初次与异质文化接触时，往往会受到文化震惊或惊愕，从而产生某种不适应。要使旅游得以顺利和愉快地继续下去，必须学习、了解当地的异质文化，设法减缓冲击、提高适应能力，融入旅游地的人文生态环境中去。俗话说见多识广，旅游本身必然包含着对旅游主体思想情操、文化修养、审美素质等多方面的影响。所以，这是旅游跨文化交流的一项重要内容。

第三，从旅游间接的长远的社会效应看，旅游的跨文化交流有积累对异质文化交流的感性认识，培养跨文化交流的理性思考的作用。随着对外开放的进一步扩大，走出国门到世界各地去旅游的人和在国内东西南北作跨文化旅游的人越来越多。无论他们旅游的具体情况如何，旅游的存在特别是大量存在的情况下，老百姓通过旅游在学习、掌握、传播着与不同文化背景的人打交道时的实际技能和文化素养。如果说某些有关民俗的、涉外的、宗教的专门内容可以在学校里这方面的课程上学习，社会上如商业界也有机构专门负责跨文化交流技能的培训与进修，以适应国际化社会的需要。但是，这样的专门学习绝对不可与实际的全民的、全球性的旅游跨文化交流相比拟。可以说，正是基于这一点，跨文化交际研究的实践意义要大于理论意义。

一个现代化的社会，必定也是一个国际化的社会。作为"地球村"的一个村民，面对未来越来越开放的社会，我们在加深对自身文化理解的同时，还必须积极参与跨文化的交流，主动地去理解对方的文化特性，认识在旅游中文化所带来的影响，努力把自己造就成具有多重文化能力、善于开展跨文化交流的现代人。这样做的结果，并不是抛弃我们自己的传统文化，而是在保存自身优良传统的同时，积极地吸收对方有益的一面，使自己能够自由自在地驰骋在多元文化的天地里，最终更加深刻地认识我们自己。即使你没有去什么地方或会见什么外国人的样子和特征。如果你到一个陌生的地方，你可以随身展现出你的根的特征，而不与你的根分离——这样，使你在增添你的从属关系的同时更容易保持你的民族根。这种情况使你自由地接受新的身份而又不伤害旧身份，使你大胆地这样做，而不必有任何顾及。

第二节　旅游交往中的文化差异

文化身份、文化距离等所表达的思想，都涉及跨文化交流中的文化差异。中国、日本、朝鲜、韩国、新加坡等东方文化与美国、英国、法国、德国、意大利等西方文化不仅在语言和非语言的符号系统上有差异，而且在人际交流的其他方面也多有差异。这些差异引起了跨文化交流中的文化震惊和文化冲突。

东西方在人际交流上的差异涉及面很广，从其中的表现来分析有一点明显的差异，那就是东方文化注重维护群体和谐的人际交流环境，体现在重礼仪、多委婉；西方文化注重强调坚持个性的人际交流环境，表现在重独立、多坦率等方面。

在中国的传统社会中，历来主张尊卑有别，长幼有序，敬老爱幼，尊师重教。中国是礼仪之邦，每个人在交流时要受到各自地位和角色的制约，否则就是失礼。受到中国儒家文化影响的朝鲜、韩国、日本、越南新加坡以及东南亚国家的一些地区多少都有这种倾向。在东方的等级观念比较强的文化里两个素不相识的人相遇时，在谈及主题之前，通常要交换有关的背景资料，例如，工作单位、毕业的学校、家庭情况、年龄、籍贯等，以此确定双方的地位和相互关系，并进而依据彼此的关系来确定交谈的方式和内容。如果一方为长辈或上级，那么多由这一方主导谈话的进行，同时在出人的先后以及起坐方面都有一定的礼仪。如果交谈的双方在地位或身份上是平等的，那么，交谈就会放松得多。

在西方文化里特别是美国文化，等级和身份观念比较淡薄，人际交流中，在称呼和交谈的态度上较少受到等级和身份的限制，不像东方文化那样拘礼。熟人相遇一律以平等的"你好"表示问候。祖父母与孙辈之间、父母与子女之间、老师与学生之间都互相直呼其名。这对许多中国人来讲都是难以接受的。

在亚洲文化里，不同辈分和身份的人意见不同时，常避免正面的冲突和争辩。中国人喜欢婉转的表达方式，以给对方保全"面子"。西方人，特别是美国人在彼此意见不同时，坚持己见，常争论得面红耳赤，无所谓"面子"问题。例如，美国学生在课堂上，常与老师争论问题，有些问题提得很尖锐。美国人认为，与老师争辩是正常的。而这种情况如果发生在中国，无论是老师和学生都感到不自在。美国人的坦率在很多中国人看来有些唐突，有时甚至是粗鲁。一位美国朋友写道："从我自己的经验来说我知道我们那种急性子、任性和毫不隐讳的言行常常得罪中国朋友。几乎在同样程度上，中国朋友那种慢条斯理、繁文缛节和捉摸不透的兜圈子，常常弄得我们火冒三丈。

在美国人看来，婉转与真诚大相径庭，与装假却有相似之处 1968 年，美国人安德森在一项研究中，向一些大学生出示了 55 个形容词，让他们说出对这些品质喜欢的程度。结果表明，在 20 世纪 60 年代的美国大学生中，受到评价最高的个人品质是"真诚"，评价最低的是"说谎"和"装假"，"说谎"和"装假"比"不友好"、"敌意"、"贪婪""恶毒"、"冷酷"、"邪恶"都恶劣得多。因而，我们不难理解中国人的婉转何以会使美国人火冒三丈。虽然近代以来，随着西方文化的影响和社会的发展，东方重礼仪多委婉的特点已经发生不少变化，但是比起西方文化特别是美国文化来，仍有明显的差异。东方多自我交流、重心领神会，西方少自我交流、重言谈沟通。东西方人对交流本身有不同看法。在中国、朝鲜、韩国、日本等国的观念中，能说会逗并不被人们提倡。在中国传统文化中，儒家、道家和佛教的禅宗都是如此。孔子认为，"巧言令色，鲜矣仁。"（《论语·学而》）其意不外乎是说，如果一个人花言巧语，装出和颜悦色的样子，那么他的"仁德"是不可能多的；巧言会败坏人的道德："巧言乱德，小不忍则乱大谋"；而言谈缓慢、迟钝是仁的表现："司马牛问仁子曰："仁者，其言也切"（《四书·颜渊》），"讷近仁"（《四书·子路》。因此，君子应少说话"敏于事而慎于言，就有道而正焉"（《四书·学而》），"君子欲纳于言而敏于行"（《四书·里仁》）。在孔子看来，能说会道是可耻的："巧言、令色、足恭，左丘明耻之，丘亦耻之"（《四书·公冶长》）。其说"恶夫佞者"（《四书·先进》）几乎是在告诫当权者，不要任用佞者作干部，也不要交佞者为朋友。要想当上官、当稳官也要慎言。道家的老子说："希言自然。飘风不终朝，骤雨不终日。孰为此者？天地。天地尚不能久，而况人乎？"（《道经二十三章》意思是说，少说话合乎自然，喋喋不休违反天道。他还认为，知"道"的人不随便说，随便说的人不知"道"：所谓"知者不言，言者不知"就是这个意思。庄子也曾说："狗不以善吠为良，人以不善言为贤"。在东方，和谐、一团和气胜于说服；西方反之，说服重于和谐、一团和气。

中国文化中注重集体主义，强调组织的团结与和谐，因而在交流的目的上，注意摆平信息发送者和信息接收者的关系，强调和谐胜于说服。孔孟之道主张人们应当和平相处，免于争斗，主张"和为贵"忍为高"、"君子矜而不争"。这些思想至今仍对人们的交流起着很大的影响。

西方人际交流观受到古希腊哲学的影响，在交流的目的上，强调的是信息发送者用自己的信息影响和说服对方，是有意识地对信息接受者施加影响。这一观点在西方古今研究传播学的著作中都可以看到。例如，亚里士多德在《修辞学》里就指出，所有交流的基本目的是"施加影响"。当今的传播学者杰拉尔德·米勒认为，"在大部分情况下，传播者向接受者传递信息旨在改变后者的行为"。美国实践心理学家C·霍夫兰等人认为，交流是"某个人（传播者）传递刺激（通常是语言的）以影响另一些人（接受者）行为的过程"。[①]

在人际交流中，中国人开场白或结束语多谦虚一番。开场通常说自己水平有限，本来不想讲，又盛情难却，只好冒昧谈谈不成熟的意见，说得不对的地方，请多指教。或者把这一套话放在结束语中讲，常说的是，以上只是个人粗浅的看法，目的在于抛砖引玉，谈错的地方难免，敬请批评指正，多多包涵。而西方人，特别是美国人，在开场白和结束语中没有这一套谦辞。而且这类谦辞使美国人产生反感："你没有准备好就不要讲，不要浪费我的时间。"中国人在和不熟悉的人交谈中，其开场白常问及对方在哪里工作、毕业的

---

① 关世杰著：《跨文化交流学》北京，北京大学出版社，1995：336.

学校、家庭情况、年龄、籍贯等，即从"拉家常"开始。对中国人来说，这样开始交谈十分自然。而这样做会使英美人十分恼火，因为这种开场白干涉了他们的隐私，交谈一开始就使他们不快，很难使他们敞开心扉，进行有效交流。英国人交谈开头的话题是今天天气如何如何，美国人则常常是从本周的橄榄球赛或棒球赛谈起。

中国人在人际交流中进入正题之前，"预热"时间比美国人长而英美人一般喜欢单刀直入，预热的阶段很短，闲谈多了会被认为啰唆，有意不愿谈正题等东西方民族的文化差异或许是当今世界文化差异性的典型之，但不是世界文化差异性的全部，文化多元共存是当今世界的基本特征之一。文化差异的存在就必然导致跨文化交流中文化震惊的不可避免。

自20世纪80年代以来，云南省就以其丰富的自然生态景观和多民族的文化资源吸引着国内外众多的游客。前往云南的大多数游客，除想观赏其雄奇、秀美的自然风光外，更多的还是希望体验"真实"或者说"原始"的民族风情。"民族旅游"在各方面给云南各个族群（即"民族旅游"的目标群体）带来了前所未有的影响，对于某些尚未真正进入父系制的边缘族群，"民族旅游"引致的社会性别及其关系的变迁尤为引人注目。

人类学家对社会性别的研究由来已久，他们发现许多社会都不同程度存在着要求女性从属于男性的现象。在寻求对其解释的过程中，人类学家面对这样一个问题：女性的从属地位是否普遍存在于任何社会？是否自古以来便是如此？对这一问题的深究引出了社会性别研究的各种理论，并分别从不同的角度对妇女的从属地位进行解释。有的学者把社会性别视为一种象征结构，着重考察"男人"和"女人"是什么，即社会如何在观念上界定"男人"和"女人"这两个范畴？从这一角度阐释男女地位问题的学者大多认为女性从属于男性的状况普遍存在于已知的任何社会，文化是决定因素。有的学者重点考察了男人和女人在做什么，即在现实中影响男女社会地位的社会、经济条件是什么？其中社会性别是作为一种社会关系和社会角色出现的。从这一角度进行考察的学者基本认为女性的从属地位并非是跨时期、跨地区、跨领域一直存在的。此外，还有的学者运用"自我"、"个人"、"人生"这样一些概念去分析妇女的社会地位、角色和权力与男性的差别。随着研究的深入，人类学家越来越多地认为社会性别不仅是文化的建构，而且是历史的建构。性别在社会权力关系组合中以及在生产方式的变化与阶级、种族和族群意识中等都有密切关系。[①]

上述的理论探讨说明了对社会性别的理解不能片面化。社会性别并非单一地建构在象征概念或文化观念上，也并非单一地受社会、经济条件的影响而形成。在实践"民族旅游"的少数民族社区，社会性别建构更是一个复杂的文化变迁过程，也是社会文化诸要素的互动整合的社会历史过程。

---

① 任海：《社会性别与再表现的文化政治：女性主义人类学》第141~173页，载鲍晓兰主编《西方女性主义评价》。

第三节　对旅游跨文化交流的理解和适应

旅游中的文化震惊未必是一件消极性的东西，经历过挫折、冲击和震惊的人往往变得愿意倾听他人的诉说。经过磨炼，人们逐渐可以学会设身处地替他人着想，并养成努力站在对方的立场上考虑问题的习惯。与此同时，也更加深刻体会到提高表达能力的重要性，明白只有具备了较强的表达能力，才能够在需要的时候将自己的所想所感准确无误地传递给对方。另外，在跨文化交际的过程中，人们将会对所面临的一个又一个的问题进行反复的实践、体会，并逐渐地对自己生活过的社会与当地社会做出比较。许多人正是在经历了文化震惊后，才认识到跨文化交际的问题。有些人在异质文化环境中因文化差异曾闹出笑话，回国以后，这种强烈的体会反过来会促使他更深刻地去理解和适应各种异质文化。应该指出，人们到一个新的环境旅游，也就是到一个新环境里生活，这时候首先需要的是相应客观地去看待事物。整个过程，就是文化的适应过程。人的特点之就是可以学习，在对新环境的实践中学，从身边的人那里学，从信息中学，每个人的学程度不同就造成了个体之间的文化差异和对新文化环境适应程度的不同。

文化也可看作是人适应自然和社会的能力和方式。一种文化就是一种适应自然和社会的一定能力和一种方式的表达。所谓适应，就是文化调解机制。即总体文化对总体环境的适应，文化系统内部各因素间的相互适应，"适应"原本是人类学的一个概念，在旅游跨文化交流中，"适应"主要是通过个体对异质文化的学习达到协调。在旅游跨文化震惊发生后，应该努力将文化冲击的消极面变为积极面，受到了冲击从而重新看待自己，再度认识自己，重新确立自我，并且努力提高自己的形象。到异质文化地区中去的人会经历许多他认为是奇怪和难以理解的事情。他很快会感觉到，要适应异质文化，仅仅应用已有的知识和行为对其方式进行观察是不够的，还必须赶快适应异质文化。

在适应过程中首先要注意克服心理障碍，相信自己到国外来是开阔视野、增长阅历的极好机会，要去掉自卑感、各种成见等。与发达国家的人打交道，因为自己的经济地位低下而自卑，这是没有道理的经济上虽然有强弱之分，但文化却无优劣之别。自尊、自信的态度反而会受到别人的尊重。不要对别人期待过多，中国人比较好客，主人对客人热情周到是理所当然的，但是在异质文化环境中，人家未必把你当客人对待，即便是当客人对待，其方式、态度与中国又不尽相同，过多的期待落空后会产生严重的失落感。另外，抱着各种成见、戴着有色眼镜看人也是跨文化交际中极其有害的。

在适应过程中，外语能力自然是一个极其有用的工具，能够粗通东道国的语言对适应异质文化环境、减缓文化震惊，会有很大的帮助。对异质文化的适应最终靠的是加深相互间的理解，而真正的理解必须建立在掌握对方语言的基础上。这对一般休闲度假、观光旅游者来说，是困难的，但对于修学旅游、商务旅游科考旅游学术旅游等本身具备一定知识储备的旅游者来说，有了话言条件就可以持积极的态度去理解对方。中国人在跨文化交际时总爱顺从对方的行为规范俗话说"入乡随俗"，如果在人家那里，不学习它的社会技能、交际礼仪，不遵从它的风俗习惯，在生活上肯定会带来诸多不便，这有合理的一面。但是，跨文化理解并非同化于对方的文化模式，当然，也不能将自身的模式强加在对方身上。在与不同文化的人进行交际时，既要站在对方的文化背景下来理解对方的行为，也应该适当地向对方解释自己的行为。只有做到真正意义上的相互理解，在发生冲击时，双方才能协调认识不同点，并积极寻求共同点。有的时候的确需要我们去适应对方的行为模式，但是，向对方解释自己的模式并寻求理解也是很重要的。要适应就必须理解异质文化，那么，理解种文化究竟意味着什么呢？甚或，什么叫理解呢？这问题比其概念要难回答得多"理解"与"解释"不同，"解释"是一个更倾向于自然科学的概念。

自然是客观存在的，对自然我们是求其真相，故而不断地进行解释"理解"则更多的是社会科学。文化则是人群的，是精神生活的，我们只能进行理解，人文社会科学将"理解"作为中心概念。这里，"精神生活"可以包含很广的内涵，它不仅包括纯粹的心理方面，也包括精神产物和人的生活方式。跨文化理解，其难度超出了想象。这是因为，文化不能够作为一个知识体系来把握，它的范围过于宽广，且错综复杂。在某个文化环境下成长起来的人，他所看到的异质文化，并非是它本来的面目，往往是戴着自身文化身份这个有色眼镜观察的结果，换言之，们在理解异质文化的价值体系时，总是无意识地使用了自身文化的价值尺度。语言、体态不用说，就连时间、空间的运用，也会因文化不同，可能赋予不同的含义。这样，在跨文化交际中从文化震惊到文化摩擦，从发生误解到喜爱对方，某种意义上说都是自身文化的产物。"理解"可以简短地解释为人对他所遇到的新事物适当地进入自己熟悉的事物和已有的文化结构中，企图相互有所结合。显而易见，通过这种结合，已有的结构本身也会发生变化。

"理解"是一种相互的关系。在一场对话中，不仅甲想理解乙，而且乙也想理解甲。这里，"理解"的意思是：弄懂对方的"意思"是什么；他说的什么，他想传达的是什么。这样，对异质文化的理解，一方面涉及明白交往伙伴"所说的意思"，同时也涉及将新的事物联系进自己已有的熟悉的知识体系中。在这一过程中误解即误读是经常发生的。这里把文化看作文本，在阅读异质文化时很难避免误读。人们总是按照自身的文化传统、思维方式和自己所熟悉的一切去解读另一种文化，一般说来，他只能按照自己的思维模式去认识这个世界。他原有的"视野"决定了他的"不见"和"洞见"，决定了他对另种文化如何选择，如何切割，然后又决定了他如何解释。因此，我们既不能要求外国人像中国人那样"地道"地理解中国文化，也不能要求中国人像外国人一样理解外国、文化，更不能将一切误读都斥之为"不懂"、"歪曲""要不得"。其实，误读不仅难于避免，而且往往在文化发展中起着推动作用。当今国际比较文学学会副主席、中国比较文学学会会长、北京大学教授乐黛云女士这样说："所谓误读是指人们与他种文化接触时，很难摆脱自身的文化传统、思维方式，往往只能按照自己所熟悉的一切来理解别人。曾有一篇寓言中说道，当只青蛙试图告诉它的好友—无法离开水域的鱼，有关陆地世界的切时，鱼所理解的陆地上行走的车也只能是鱼的腹部长出了四个轮子。它所理解的鸟只能是一条长了翅膀腾空而飞的鱼。鱼只能按照自身的模式去认识这个世界。人在理解他种文化时，首先按照自己习惯的思维模式来对之加以选择、切割、然后是解读。这就产生了难以避免的文化之间的误读"[①] 由于文化的差异性，当两种文化接触时，就不可避免地会产生误读。无论是旅游东道主从旅游者客体文化中吸取新意反观自己，还是旅游者从东道主主体文化吸取新意、反观、比照自身，都很难避免误读的成分。文化误读首先就是要有"读"，没有"读"也就不存在误读，有"读"也就包含着解读者对异质文化的思考和探究，也不排斥因异域陌生观念而触发的"灵机一动"关键全在于解读者的独创性发现。当然，这并不能成为对他种文化浮光掠影、不求甚解的，乃至有意曲解、嘲笑的借口。如果没有对不同文化的深入理解和刻意学习，没有对文化知识的深厚积累，"灵机动"也是很难想象的。当今的绝大多数旅游地都会有大量的不同文化的交往者前往，并以独特的眼光发掘新的文化"矿藏"，这种发掘，也就是"读"的过程。如果尚未认真地"读"，那就谈不上"误读"。

由此可知误读也是一种理解，是理解的过程事实上，正是由于差异的存在，各个文化体系之间才有可能相互吸取、借鉴，并在相互参照中进一步发现自己。关于文化间的"异"的研究一直是一个很吸引人的题目。18 世纪时，西方关于"异"的概念只是指异国他乡，即远离本土的陌生空间充满了神秘的异乡情调随着通讯、交通的发达，这种"异域"越来越缩小，只有极少数地区还具有其神秘的"异"的吸引力。到了现代社会，异国的功能更是逐渐缩小，人们开始切切实实地理解不同文化的差异性，而将"异国"作为帮助自己发现自己的"他者"。只有从外部，从另一种文化的陌生角度来观察自己，才能看到许多从内部不能看到的东西。拉里・A 萨默瓦，明确指出："文化是可变化的。文化是一个活性系统，并非存在于真空之中，所以它是可变化的。从几千年前的游牧部落，到 20 世纪 90 年代美国有线新闻网的消息，各种文化总是在不断与来自外部的思想和信息相碰撞。这种碰撞具有推动文化发生变化的潜力。文化之间相互接触而产生变化的这一特征又一次表明传播和文化的相似性—二者都是活性的，并且二者都在不断变化。……文化具有高度的应变性。历史事实不断证明，文化由于自然灾害、战争或其他灾难而不得不改弦易辙。过去几百年发生的事件把犹太人赶到世界各地，可他们的文化却适应了这种变化并且生存了下来。想想二战后日本人所做的自我调整，当时的日本政府和经济几乎瘫痪，但是因为他们能适应，所以他们的文化挺了过来。现在日本成为全球的主要经济力量。"

前文曾说到两种不同文化的接触会产生文化涵化。文化涵化有其一般优势法则。这一般优势法则实质上也可理解为是一种文化力量的较量，其结果是强势文化对于弱势文化力的同化。托多洛夫在他的《美洲的征服》一书中用大量数据指出西班牙人对美洲印第安人的征服，这种征服主要不是由于其军事、经济实力，而是由于后者本身弱势文化的局限，这种征服更主要的是一种文化的征服。良好的理解力本身就是建立权力的最佳手段。印第

① 乐黛云.跨文化之桥 [M].北京：北京大学出版社，2002.

安人由于固守旧文化，因而丧失理解他人的能力，从而也就丧失像日本那样更新、重建自己文化的机会，以至虽然拥有辽阔肥沃的土地、曲折漫长的海岸线，也不能逃脱民族衰亡的历史命运。另一方面，一些民族由于缺乏自身文化的凝聚力，并且又不能在历史转折时期对传统文化做出新的诠释，以至全盘外化，受强势文化力量的渗透、异化而中断了自己的民族文化传统。一些曾为殖民地的民族，其文化被宗主国文化所代替而成为历史的陈迹就是一例。在这里，文化理解已不仅是指旅游者个人如何去看待异质文化的问题，而是一个民族在世界各民族交往中如何理解和吸收他民族的文化优势，对自身传统文化做出有效重建的能力问题。由此，我们也可说旅游跨文化交流不仅仅是个人休闲娱乐的一种方式，更是一种可以影响民族融入世界，自新强大的一条途径。

改革开放以后，中国人开始走向世界，去西欧，去北美，去东欧去南非，最不济也去日本新加坡什么的。总之是走向世界的各个角落。如果说"有路就有丰田车"是一句形象的广告语的话，那么"有城就有中国人"却是当今世界地理的客观事实。然而实现了地域的跨越以后，文化的对话与交流是不是就将成为顺理成章的过程呢？地理上的跨越未必意味着文化上的跨越。有些人就是没有了解和认识非我文化的愿望，他们多少都患有一种根深蒂固的文化自闭症，将其称为文化的冷感。

在经济的开放和交流方面，中国诚然已经走了较长的一段路程，并且有了此一方面的自觉意识。但是，在文化的开放和交流方面，却远没有这样的体验。至于意识到文化交流对于经济发展的促进和互动功能，恐怕更是处在萌芽状态。当代一般中国人对于异域文化的态度，基本上只是满足于好奇和猎奇而已。长期形成而根深蒂固的文化的自闭症，并不会随着经济的开放而自然治愈，它注定将会是个漫长的磨炼过程。

我们之所以将这种文化方面的封闭和淡漠现象称之为文化冷感，主要是因为可怕的并不是我们对异域文化的不了解，而是不愿了解，不想了解，即视而不见的文化"盲视"。持有这种文化冷感的人他们可以享受着世界先进的物质文明，周游世界，甚至就长期生活在异国他乡，但是却患着文化上的自闭症。他们在世界上转了一个圈子以后，最终还是回到自我文化的原点和围城中去。正因为如此我们可以注意到这样的现象，许多美国议员尽管到过中国，也亲眼见到中国的社会现实，但并没有改变他们对中国的成见。

它让我们从中意识到，在这样一个经济和科技不断走向全球化的世界上，随着交往的加剧和深入，对非我文化的自觉认识，主动交流和真诚理解已经到了极为迫切的地步。缺乏文化对话、理解和关注的交往，很可能成为对面相见不相识的擦身而过或者假面舞会式的闹剧。轻者使试图接触的双方变得隔膜，重者则可能危害经济社会发展的进程。

文化相对主义是以相对主义的方法论和认识论为基础的人类学的一个学派，这个学派强调人类学应更属于人文科学而不是自然科学，坚持人类学应以"发现人"为主要目标。文化相对主义是将事物和观念放到其自身的文化语境内去进行观照的一种方式，认为不可能有一个一切社会都承认的、绝对的价值标准。由此，它赞赏文化的多元共存，反对用产生于某一文化体系的价值观念去评判另一文化体系，承认一切文化，无论多么特殊都自有其合理性和存在价值，因而应受到尊重。文化相对论者认为，文化差异是现阶段普遍存在的现实，正是这当代一般中国人对于异域文化的态度，基本上只是满足于好奇和猎奇而已。长期形成而根深蒂固的文化的自闭症，并不会随着经济的开放而自然治愈，它注定将会是一个漫长的磨炼过程。

第四节　旅游跨文化交流的扩散与传播

旅游活动将带来文化的传播和交流，其具体对旅游接待地、旅游者和旅游客源地产生怎样的影响？以何种方式产生影响？这里我们来看旅游对接待地的文化可能产生的影响。

从文化学学科来定义，文化扩散是文化现象的空间移动过程和时间发展过程的特征。它注重作为文化移动起点的文化源地，文化移动结果的文化分布，将文化起源和文化分布联系起来的文化扩散这样三个环节。三个环节在地域上存在着关系，即文化起源地域—文化扩散过程—文化分布地域。作为跨文化交流的旅游，旅游目的地也就是文化的起源地域；旅游事实本身就是文化扩散过程；当今的世界文化分布以及未来的世界文化分布的现实，正是包括旅游在内的世界跨文化交流、交往的结果。

一、文化扩散

就人类的跨文化交流史看，文化扩散有两种基本的类型：扩展扩散和迁移扩散。扩展扩散是指某种文化现象通过一地的居民为中介在空间上从 A 地传播到 B 地，又从 B 地传播到 C 地……这样连续不断地传播下去，其所占据空间越来越大。此类扩散的特点是某种文化现象由于从原分布区逐步向外扩大，因此使其分布区覆盖的面积越来越大，其地理空间是连续的，旧的分布区位于新的分布区范围内。迁移扩散是指具有某种思想、技术的人或集团，由于某种原因到另一地，将其原有的文化带到新的地区，其文化随之在新的居住地传播开来。迁移扩散由于是由具有该文化的人带来的，所以它有两个特点：一是扩散比较快；二是带去的是地道的原文化 9 例如：欧洲移民在新大陆后，大批迁移到南北美洲、澳大利亚等地，不仅把物质文化、社会文化带到新的地区，而且还把意识文化也带到新的地区。迁移扩散由于移民长距离迁移，在新的定居地所出现的文化现象与其原有分布区往往并不相连而成为一种孤立的分布现象。

就旅游跨文化交往模式看：客源地文化——旅游者跨文化的空间移动——旅游目的地——返回客源地，旅游跨文化交往首先是文化的扩展扩散，也就是以旅游者为中介，在空间上文化从一个地方传播到另一个地方，或者说从一个地方传播到某些地方，又从某些地方传播到另一个地方。文化的连续传播，其所占据的空间越来越大，则是其扩散的必然结果。事实上迁移扩散与扩展扩散的区别是相对的，在旅游所带动的文化扩散中无不包含着迁移扩散的情况。当然，作为人类跨文化交流中的迁移，可以是移民、迁徙，从一个定居地迁移到另一个定居地。作为旅游则只能是不导致定居的短暂停留。然而，旅游，对于旅游者是短暂的停留，对于旅游地则是无数短暂停留的相加，月复一月、年复一年的客流。某种文化现象从文化的原分布区与新迁移区不相连而成孤立分布现象的情况也可能产生于当今全球跨文化的旅游时代。中国的茶道茶文化可说是分布到了世界许多地方，那也并非定是移民所扩散的文化。

人类对物质财富和精神财富的不懈追求，即是创造文化的原动力，也是促进人类走出久居地进行文化交流的原动力。旅游的特点与文化扩散过程的特点都在于人与人之间的文化交往。世界上任何地区理论上既是旅游目的地也是旅游客源地，由此，一种文化特质、一个文化的因子，只要它有价值，有意义，便会在旅游过程中被人学习，被人仿效和接受。这也是文化互补性在旅游文化扩散中的一个表现。互补性是指客源地与目的地之间在历史文化背景、旅游资源以及旅游服务设施及服务水平等方面存在着明显的地域差异，能建立起旅游供需关系。地域差异越强，相互之间旅游需求越强烈，客源地与旅游地的空间相互作用力也就越大。客源地与旅游地的文化经济和自然地域的差异，正是人们旅游的最强大动力。客源地和目的地空间相互作用的基础，导致了游客的流向和流量，也就形成了旅游文化扩散的形态。

旅游目的地与客源地空间相互作用的大小取决于相互间的互补性、替代性和可达性，遵循空间组织的距离衰减规律。随着离客源地与目的地距离的增加，旅游空间竞争和其他因距离而产生的干扰，旅游流量和流向会发生转移。由此，距离因素仍是影响目的地和客源地空间相互交往的重要因素，旅游客源地和目的地之间的距离也是旅游跨文化交流的一个变量因素。距离越长或旅途时间越长，客源地和目的地之间产生相互交往的阻力越大，最终会耗尽两者之间的互补性。这里不仅有空间的直线距离，，还有路途的现实距离，那就是路途的自然环境，平原、高山、峡谷、大海、荒漠将使距离变得不同。旅游的跨文化交往的困难，也就是文化扩散的阻滞。任何自然分隔因素都是造成文化空间分异的原因之一。不同的旅游目的地，对距离的敏感性不同，通常人们用感知距离代替实际距离来衡量距离对旅游可达性的影响。由于运输设施进步，交通费用下降，人们收入和消费水平的提高，也因闲暇时间增多，支付交通费用的能力和通过旅游寻求新环境的欲望不断增强，感知距离大大缩小，从而拓展了旅游的可达性，增加了客源地和旅游目的地相互交往的空间，文化扩散的自然阻隔因素在日益减小。

文化扩散中除自然因素外还有人为阻滞因素。两种文化群体间文化差异或文化距离影响着文化扩散，文化距离小，两种文化群体间相似性大，联系紧密，相互交流时扩散容易发生。反之，文化距离大，扩散就难于发生。在今天，人为阻隔因素超过了自然阻碍，成为文化扩散的主要障碍。而旅游作为民间友好使团，特别是世界性大众旅游的开展，推动着人类社会跨文化交往的发展，文化扩散中人为的阻滞因素也在逐渐减小。

客源地和旅游地之间的可达性也会受语言、经济、政治、文化联系的影响9语言相通，减弱了旅游的阻碍；发达的经济既能产生大量的旅游需求和旅游者，又能营造高质量的旅游目的地。另外，国际之间友好往来，政局稳定，社会安全，政府鼓励旅游政策等，构成了两者之间可达性的桥梁。人文地缘因素更是导致旅游流空间运动的重要因素。如欧洲的许多国家与它们的原殖民地之间，英联邦之间，欧美之间，外籍华人、华侨及港澳台胞与内地之间等，大量的旅游者都因人文地缘的联系而更有利于空间上流动，文化的扩散也就变得容易、方便。

文化扩散是跨文化交流的一般趋势和结果，导致文化扩散的则是两种或多种文化间的涵化关系。

二、文化涵化和涵化因素

有一种被称之为文化漂移的现象存在于外来游客和主人关系之间。它在外来游客行为上的表现，常常体现为对接待地某种文化要素的偏爱，例如常常可以见到一些西方游客在接待地的商贩摊位上购买简单的服饰衣帽穿戴在身上，招摇过市，而离开这个接待地后也就不再穿戴这种服饰衣帽，或是保存起来作为纪念品。文化漂移在当地尤其是对异质文化游客的服务企业及其员工的形象和行为上是非常明显的，例如接待欧美游客的饭店，大都使用欧式建筑和装修风格，员工也是欧式服装，并用英语作为沟通手段，但是这些员工在其业余时间中并不住在欧式建筑中，在日常生活中亦不穿欧式制服的服装，并仍旧用自己的母语作为日常生活沟通的手段。当一种文化进入另一种不同的文化环境时，在相互作用和沟通的过程中，会对主人社会产生两种影响：一种是意识行为的改变；另一种是表现行为的改变。如果主人社会的文化改变只是体现在表现行为上而没有意识行为的改变，那么这是一种文化漂移现象，如果表现行为和意识行为两者都有改变，则是一种文化涵化现象。

文化交流的互动过程导致文化的涵化。文化涵化指两种异质的文化相接触，某一文化的个人或群体与另一个文化群体的信息交流，经过一段时间，两者相互来往、适应，彼此在原有的文化模式上发生意识行为演变，文化人类学者和社会学者称之为涵化。涵化是一个向不同于自己原来文化的异文化学习和调整发展的过程。从文化互动的不同人员和不同情况看，有人涵化得快一些，有的人涵化得慢一些。那么，决定文化涵化快慢的原因有哪些呢？从传播学的角度看，认为决定涵化的快慢有以下五个因素。

（1）跨文化人际交流的能力

在异质文化中，那些人际交流能力强的人适应得快，转变得快。这种能力主要表现在四个方面，首先，进行交流所必需的能力和知识，如语言语能力、非语言语的认知能力，有关方面风俗习惯的知识。其次，具备以多种思维方式和价值观念思考信息的能力，这样的人思想开阔，适应性强。再次，对目的地文化感情上的合拍。即是说，感情开朗，愿意尊重和体验所在地的文化。那些愿意尝试异质文化的人，比那些不愿意尊重目的地人们的审美观和情感的人更容易适应异质文化，更容易向异质文化转变。例如，来中国旅游的外国人可以通过游览江南园林，观看中国传统的戏剧艺术，观摩并练习中国的书法和武术等来培养自己对中国文化的兴趣，提高对中国的艺术的鉴赏能力。最后，行为能力，即按新的行为模式和思想情感开展活动的能力。那些敢于实践，不怕出错的人较容易适应异质文化。

（2）介入目的地交流网络的密切程度

这包括两方面：一是旅游者与本地人联系的密切程度，本地人是异质文化信息的直接来源，可以对旅游者不符合当地人习惯的行为举止加以修正，告诉旅游者应该做什么和怎么做。很多旅游者所必需的情感，行为举止的变化，都来自这种直接的人际交流；另一方面是旅游者参加所在社会的公众交流与介入大众传播的程度，即光顾饭馆、商店、娱乐场所、学校、教堂、博物馆、艺术馆、图书馆、电影院、听收音机、看电视等方面的频繁程度。看来，导游恰是旅游者和目的地东道主之间文化交流的中介。那种善于和惯于旅行的散客要比那些跟着团队在导游的带领下走马观花更容易直接接触到异质文化。

（3）到异质文化中的旅游者与自己的家乡文化并没完全隔绝，而是继续与家乡文化的社会交流

这种交流分两种情况。一是旅游者与自己同胞的人际联系。比如，一个团队的其他旅游者，一个家庭出游，妇女、儿童总是很少直接与当地东道主接触。这种情况给这些旅游者以安全感，但却妨碍了他们的文化交往及适应和涵化的进程。虽然是作同一次旅游，但跨文化交往与文化涵化的情况却不同。另一种是介入家乡人的生活区域和大众文化传播媒介。旅游者虽然到了异质文化的区域，但仅仅参观、寻访自己家乡人生活的区域，接触家乡的大众传播媒介。中国人到了外国，但只在唐人街转悠，听到的是中国话、华语电台的广播；看到的是中国人和中文的报纸杂志、中文的电视节目和录像带，这就会使他涵化的进程滞缓。所以，同是一次美国游或欧洲游，路线与时间大致相同，文化交往和文化涵化的情况或许大不相同。

（4）目的地东道主的文化社会的态度

这是指有些国家和地区的人们愿意接收和容纳异质文化的旅游者，有一些国家和地区的社会却不予容纳，持排斥、隔离或保持距离的态度，这就会妨碍跨文化交流和文化的涵化。这种情况是很常见的，一个开放的、旅游业发达的国度本该对外来旅游者一视同仁，但因历史的、现实的原因造成对某个国家、某个民族的游客另眼看待的情况不少。中国人到非洲，到欧美和到印度、印尼去旅游，会感到东道主不完全相同的态度，反之我们中国人对不同国家的外来旅游者事实上也会抱有不同的看法和亲疏关系。

（5）跨文化距离或简称为文化距离变量

文化距离既是文化扩散中的人为因素，同时也是影响文化涵化快和慢的一个重要因素。文化和文化（不同的民族或国家）之间亲疏感或陌生感是不同的，德国人和荷兰人、丹麦人和瑞士人比较熟悉，而对印度人、缅甸人或日本人则感到陌生。同样，在美国的一个来自英国或欧洲的旅游者要比一个来自亚洲国家的旅游者更容易涵化于美国文化。"贴近"

和"遥远"表达了一种在跨文化交往中起重要作用的距离感：即民族和文化之间的距离。在确定这些不同的距离感和因素存在的情况下，两种文化的共同点越多，文化距离越小，交往和涵化更容易些；共同点越少，文化距离越大，交往和涵化就更困难些。对跨文化的交流来说：文化距离越小，越容易确切地理解对方。而这种距离越大，就越容易茫然不知所措，产生误解。

三、文化涵化的法则文化涵化

首先是一种互动的现象，或者说从微观层次看异质文化间的涵化是相互作用，相互影响的结果。文化涵化导致的扩散是伴随着异质文化间不断碰撞、交流而创新进化的现象。文化的涵化表现为文化差异的不断减少，文化类型广泛的趋同现象和同质化的倾向，相互作用、相互影响是趋同或同质化的真谛。通过近年来的旅游，昆明、贵阳、重庆、成都等西南地区很普遍的蜡染纺织制品，中外旅游者都十分喜欢，被旅游者接受。这种纺织品乃至蜡染的仿制品便逐步走到上海、北京、香港等大城市的街头。蜡染制成品也首先远销日本、菲律宾、、印度尼西亚、香港等亚洲国家和地区，接着出口意大利、丹麦、法国、加拿大等欧美国家。再后来，不仅是蜡染、扎染面料、蜡染服装等制品，还有改进了的蜡染的机械化制作工艺和纺织、印染技术也走出大山，在沿海和海外定居。这样一种传统的民族民间工艺在旅游的跨文化交流推动下，先是从封闭的、缺少现代机制印花布料的苗族、布依族山乡走到了西南地区大城市，继而通过现代工艺的改进，走向沿海和海外，融入现代社会，成为繁花似锦的各种面料中的一种，成为各种现代时装款式的一种风格。当代蜡染之所以能走出大山发扬光大，是传统蜡染和现代文明相互作用和相互影响的结果。从面料看，传统蜡染是手工纺织的粗布，改进后的蜡染则有涤棉、乔其纱、麻纺织品、丝绸等几乎所有现代面料；从工艺看传统蜡染全部手工，当代蜡染则创造了热蜡工艺、喷印工艺、滚筒工艺、冷蜡绢网印花、木蜡、泥浆代蜡等等新工艺，最后则研制成功机械化蜡染纺织印染机；从染料看，现在都以合成靛蓝代替了传统的植物靛蓝；如从成品的种类，那传统蜡染更是无法比拟的。文化的相互影响和相互作用的结果必然是趋同或同质化。

人类学家对文化涵化问题研究了数十年，他们认为从宏观上看，当一个强态势文化和一个弱态势文化接触时，通常是弱态势文化要更多地受到强态势文化的影响。这就是说，从微观层面看文化涵化的相互影响，在从宏观上看则是一方更多地影响另一方。当两种文化相互接触时，不论时间长短，都会产生借鉴的过程，但是这种借鉴并不是对称的，而是极大地受到接触者或团体的社会与经济背景及人口差异性质的影响。通常情况下，一般的强势文化更深刻地影响改变着势弱文化。这个研究提出了旅游跨文化涵化中的两种基本性假设，它意味着：一是引导多种文化的均质化过程中，目的地文化会被强态势的旅游者文化所同化；二是旅游目的地社会传统习惯和价值观的一般强势文化会影响游客，远比外来游客影响目的地为重。换句话说，是旅游地文化影响游客还是游客影响旅游地文化，要看谁的文化是一般性强势文化。.

要理解文化涵化的一般优势法则须先说明两点,一是世界文化的总发展趋势,也就是文化的革命性质及其所发生的世界性影响。早期人类从石器文化开始:采集、狩猎发展到农耕文明的出现。农业文明自身发展经历了几个阶段,而后出现工业文明和现代城市文化,以至伴随工业文明发展而兴盛的现代西方文化。现代西方工业文明作为一种文化趋势,发展到 20 世纪 60 年代后,后工业即后现代社会思潮萌芽并逐步成为世界性文化思潮。每一后起的高级文化类型,都比前一阶段的文化类型取得更为旷远和更为迅速的扩展,乃至发展到今天,我们看到所谓高度发达的工业文明不仅以其优势覆盖了地球的大部分地区,而且还在试图向外层空间进行扩展。更为进步的文化类型所具有的潜在的扩张势力,极大地影响着整个进化的过程。二是地球表面各种自然环境造就各种生存的区域,在某一区域环境中生长、发展起来的特殊优势文化。这种文化或文化类型将通过加强其适应性确立自己在一个特殊环境里的地位,它是作为能最有效地利用某一环境的类型而生成的。世界各地特别是农耕文明区域存在无数特殊优势的文化类型。从一般优势看,一种文化的发展则必须具有对更大范围里各类环境的更强的适应能力,并对这些环境中的资源具有更高的利用水平。一种特殊优势的文化类型走出其赖以生长的特殊环境,它便失去了优势,但在其生长起来的那个环境中,它则是经过了时代考验和文化涵化而确立起来的优势文化。

由于一般优势的文化类型能像热力运动那样,在跨文化交往不断增加的同时,使自身利益变得更为多面化和更有生命力,因而它们能够战胜较其落后的类型。几千年来,狩猎和采集部落的最终解体,就是一个极好的例证。那些曾经是主宰部落生活的文化模式,随着那些更灵活手段利用并进行更为有效生产的文化类型的到来,而逐渐退让出原有的地区。那些高级文化类型的扩张,使得狩猎和采集文化类型被一步一步地驱赶到更为边远的地区。今天,处于濒临灭绝的边缘的、只有在沙漠和北极荒原等最为原始和不适农耕的地区,才能找到它们的踪迹。在中国的大兴安岭深处,还生活着狩猎和采集为生,以驯养、驾驭、役使驯鹿为其特征的少数民族支系。近年来,随着森林面积的急剧减少,现代文明的点点滴滴不断深入深山,驯鹿文化中的年轻人往往在接待外来旅游者过程中受到诱惑而走出深山老林。驯鹿文化看来也是难以维系了。

美国学者托马斯·哈定在《文化与进化》中这样来定义文化的优势法则,他说我们的文化优势理论指出有一个更为普遍的原则,可以作为犹如边缘环境中残存至今的狩猎和采集部落那样的特殊优势状态,以及一般进步文化模式的广阔优势范围的共同基础。这个原则即所谓文化优势的法则。它可以这样来规定:那些在既定环境中能够更有效地开发能源资源的文化系统,并对落后系统赖以生存的环境进行扩张。或者也可以这样说,法则揭示的是,一个文化系统只能在这样的环境中被确立:在这个环境中人的劳动同自然的能量转换比例高于其他转换系统的效率。"① 对于一般优势文化与一定环境中的特殊优势文化间关系。哈定说道: "通常被其使用的环境如果属于特殊进化,那么,属于这种环境的优势

① [美]托马斯·哈定:《文化与进化》,浙江人民出版社,1987 年版,第 60 页。

就是特殊优势。法则同样依据下述事实：一般的较高级的文化，总是具有较之低级形态更大的优势范围，这也就是说，这个事实对于理解一般优势具有同样的确切性。高级形态的特征是能比低级形态更有效地开发更多种类的资源，因为在大部分环境中，他们比低级形态有效，所以他们也具有更大的范围。这并不排除以下可能，一种特别适应环境的、高度专化了的文化，将不能够维持其在自身环境中的特种优势，并至少在一段时期里抵抗那些更为进步和更大优势文化的侵犯。

由考察优势文化类型生成与扩展过程而导出的文化优势法则，不仅构成了文化分布和历史运动的基础，它还能解释为什么有些文化系统能够扩张到别人的疆域，而有些文化系统则不能够。确实，文化优势因素的重要性，已经在不少学者的多种学科著述中受到了注意和重视。旅游跨文化交流的特点就在于大量的旅游者短暂的停留所形成的文化涵化过程。虽然这种涵化过程情况复杂，但它包含着一种优势形态的文化对低级形态文化进行蚕食般的一般性进化。蚕食般的文化涵化包含着微观相互影响的同质化趋势和宏观层面的一般进化趋势。在当今的旅游跨文化交流中，尽管很多工业发达国家和进入后现代文明国家和地区的游客对农耕文明甚至非洲原始狩猎民族区域目的地的自然、人文都很感兴趣，也会参与、学习旅游目的地的某些民俗和民间文化活动，但他们不可能将农耕文化带回自己的生活中，改变工业文明向后工业文明发展的趋势。后工业文明却似乎并非如工业文明那样与农业文明对立，工业文明正是通过无数个类似法国大革命时资产阶级向封建贵族进攻那样的对立而取代了农耕文明。从文化的整体发展看，后工业文明恰恰是工业文明有许多对立和不相融的文化因子，而却接纳了对农业文明中的许多文化因子而呈现出某种向农耕文明回归的迹象。通过旅游跨文化的交流，狩猎的、渔业的、林业的农耕文明只会逐渐受工业文明的影响，朝着社会一般发展的规律向前发展。遵循着这一规律，文化接触在两种文化群体的文化扩散过程中引起地域文化系统的改变，从中可透视文化扩散的结果。这样的案例在旅游开发中比比皆是。我们可以亲身经历的如西双版纳、九寨沟、武陵源张家界、摩梭人聚居的泸沽湖……所有这些地方为开发旅游建造起来的哪怕是最简单的宾馆、饭店等接待设施便是工业文明的产物，那里遵循着由工业文明奠定的管理制度和文化体统而进行运作、经营。那些为旅游而建造起来的景点包括人工建造的民族村寨、民俗村等，更是遵循着市场经济运营的规律而加入世界经济全球化的潮流中去。

从旅游学的视角，我们也可看出跨文化涵化的一般优势法则在起作用。流动是旅游的本质特征之一，在一定时间内旅游者的旅游流动本身具有一定的规律性。从当前世界旅游流地域分布特点可窥视当代旅游跨文化交往的现实情况。旅游流即游客流，是指数量较大的游客群体为了旅游，从旅游客源地到旅游目的地的活动现象。旅游流可通过旅游活动的流量和流向来衡量。旅游活动的流量指在一定时间内进入同一目的地旅游者的数量。旅游活动的流向指一定时间内旅游者从客源地到目的地的流动方向。旅游活动的流向和流量互为条件：只有一定流量才能构成流向，只有一定流向才能形成流量，两者共同反映出一定时间内旅游流地域分布特点和发展趋势。

从世界旅游业发展变化及其地区差异看，旅游流地域分布具有以下特点。

（1）区内旅游流大于区外旅游流，区外旅游流有逐渐增加的趋势。近距离旅游仍是现代旅游活动的主流。美、加两国间的流量占其总旅游流量的40%以上，西欧旅游流的75%以上限于欧洲范围。我国国际旅游流50%以上来自亚太地区，也即是扩展了的儒家文化区域。这样所形成的旅游文化扩散明显地具有扩展扩散的特点。文化涵化也首先在文化距离较近的两种文化间进行着。这既说明旅游遵循着空间组织的距离衰减规律，同时也说明文化距离小、两文化群体间相似性大，联系紧密，相互交流时文化涵化相对容易。

（2）主要的国际旅游流始终于发达国家和地区。从1998年世界前16位旅游高收入的国家和地区情况看，国际旅游流的流向和流量集中在欧洲、北美洲和东亚太平洋地区的发达国家和地区。特别是美国、意大利、法国、西班牙、英国等发达国家，一直保持着旅游业强国的地位。同时，国际旅游流向东亚太平洋地区转移。从1985—1995年，该地区旅游人数和旅游收入以年均10.7%和17.9%的速度增长。这一情况说明现代旅游是经济发展到一定程度的产物。世界上工业发达的国家首先开展旅游和旅游业，这里的人们首先成为旅游者。与此相适应的欠发达地区首先只能成为旅游目的地，将旅游业作为社会发展的经济增长点，作为先导产业或支柱产业等。当这里的人们富裕起来，开始旅游的时候，不正说明文化涵化一般优势法则的作用吗？

（3）旅游者实行综合性旅游，即一次旅游走遍几个国家或地区。这种旅游渐渐成为规律，并被旅行社以较固定的旅游产品（旅游路线）推向社会，旅游流向也围绕着旅游路线在多个国家与地区之间呈闭环状流动，在中小尺度范围内，流路还呈现出点节状特征。即游客从客源地到旅游目的后原路返回，这表现出当代旅游者对跨文化交流的迫切和欢迎的态势。

（4）旅游流向和流量集中在级别较高的风景名胜区（国家公园）和文化特色显著区。这些地区旅游特色突出，吸引力强，旅游设施较齐全，能与人们主要的旅游需求相吻合，因而成为旅游流向的集中地，如埃及金字塔，中国长城，以及麦加，梵蒂冈等。旅游者更欢迎的是民族性、区域性文化特色浓的、与众不同的国度和区域，这正是旅游文化涵化规律的一个表现。文化涵化是两种异质文化相互适应、学习和调整，彼此缩短文化距离的一个过程。显然，文化涵化的结果就是世界文化的趋同和抹杀差异的过程。由此，无差异也就失了旅游的冲动。文化的规律也正是旅游的规律。

（5）流向大城市。大城市是一个国家或地区的政治、文化、经济中心，其强大的经济活力、便捷的交通、优越的物质条件、理想的生活方式、齐全的娱乐设施等成为该国或地区的象征，对游人产生巨大的吸引力。纽约、巴黎、开罗等至今仍然是旅游者云集之地。交通方面、实施齐全的大城市近郊也逐步在成为旅游客流和文化涵化热点的路线。

第五节　旅游跨文化整合与转型

美国加利福尼亚大学济科分校的瓦伦·L·史密斯教授是当代有国际影响的旅游人类学研究专家。他在说到旅游跨文化交流中，特别注重东道主和游客的具体关系，他说："旅游业可以是一座桥梁，有利于文化的相关性和国际的了解。然而，迎合游客，是一件重复而又单调的事，虽然不同的游客会提出不同的'新'的问题。同样东道主也会因回答问题变得厌倦，就像一盒磁带又被反转过来再放一遍一样。如果大众旅游业的经济目标得以实现，如果游客人数稳定增强，个体游客的'身份就会变得不明，大家都变成'游客\这些'游客"反过来又被看作是他们民族特定形象的代表。当游客变成了非人化的客体，他们只能被东道主为获得经济利益而容纳，与此同时，游客没有其他的选择，也只能带着好奇的眼光把当地人看作是某种物体。为了克服这种物与物之间的关系，一些旅游管理者正在发展其他的旅游方式，（或叫做'交替型的旅游形式'），即倡导在东道主和游客之间建立一种一对一的交往形式。……民族文化旅游可向游客提供参观至少部分本地文化的机会，很明显，一些文化属性，如大众性的仪式是可以与外来者分享的，但并不会对其文化造成破坏，只要参与者的人数不是很多。然而，当旅游侵犯到了老百姓的日常私人生活中，如在库兹布的因纽特人当中，或参与仪式的人被看台上那些付了钱的观众所淹没时，其带来的负面影响就会显现出来。另外，现代化也在迅速地改变大多数的旅游王国。东道主与游客间关系、游客对旅游目的地社会产生的影响等正是旅游人类学研究的主要课题。

在经济上强调旅游是一个新兴的产业的同时，我们必须强调它是一个具有现代性的社会行为。在世界范围经济一体化的当代社会，对某些地区来说，旅游几乎变成了一种外来者强行入侵的合理借口。对此，美国康涅狄格大学 D·纳什先生独树一帜直接以《作为一种帝国主义形式的旅游》为标题作文，提出了自己的看法①。经济不仅表现为单一的计量手段，它还作为一种带有社会权力象征的比喻。当它与旅游产业紧密结合在一起时，自然给旅游行为的东道主—游客社会关系打上了具有现代性的深深烙印。众所周知，现代性的一个重要特征是权力话语，表现在旅游行为中金钱也就成了"话语"的一种替身。旅游目的地的社会及东道主生活受到了现代话语权力的操纵之后，传统伦理认知关系也可能产生裂变的危险。旅游具有一种悖论性的危险。现代旅游潜藏着一种社会结构性变迁因素。运用旅游人类学研究上的擅长，对旅游现象进行"深度描述"，发挥其应用性的研究价值，可直接服务于旅游跨文化交流的现实。它对旅游这样特殊的社会现象所存在的多重因素的揭示具有指导意义。文化整合与社会转型正是旅游跨文化交流中出现的重要现象和事实。

---

① ［美］瓦伦·L·史密斯主编：《东道主与旅游——旅游人类学研究》，张晓萍译，云南大学出版社，2002 年版，绪论。

一、旅游跨文化整合

所谓文化整合，是指文化涵化的结果，指不同文化相交往中文化系统内各种文化因素、文化丛之间的谐调平衡关系。各种文化因素、文化丛之间的相互吸收、融合、调和而趋于一体化就是整合，否则就是不整合。文化不仅有排他性，也有融合性，特别是当不同的文化交流、交往而相处在一起的时候，它们必然会有相互吸收、融合、调和的一面，由此逐渐整合为一种新的文化系统。各种文化因素或文化丛整合关系构成文化系统或称文化地域综合体。跨文化交流中，只有文化的整合，才能有文化的扩散。文化涵化的对立面是文化的震惊、文化冲击，两种异质文化相接触发生冲突也就不能整合，一种文化不能得到扩散，那就是封闭和稳固化。

地域文化系统的文化整合包括两层含义。

一是地域文化系统中物质文化、精神文化、行为文化三部分的整合关系，即内整合。地域文化系统内文化整合的关系就像自然环境中各种自然要素之间相互作用协调的关系，如果某个要素的变化超出了限度，就会导致彼此之间的不谐调或不平衡，结果就会带来灾害。如：当代旅游和旅游业席卷全球，旅游是一种行为文化，一个地区外来旅游者多了，就要求相应旅游业的发展，旅游行业的开展首先是个物质文化范畴的基础问题。同时它是服务行业，服务业的当代发展奠定在工业化的高度发达之后，所以，一个地区如果服务业的迅速发展，就必然要求奠定在工业文明基础上的现代化的管理制度和体制以及与此相适应的上层建筑的协调。这就要求有与服务业相适应的观念的精神文化的发展。只有行为文化，而没有物质文化不行，有了相应的物质文化没有精神文化也不行，一个地域的文化得不到协调发展，就会产生一系列的矛盾和问题。只有当诸方面的变化、发展都协调、平衡，才能使一定区域里的文化系统顺利地发展。

二是地域文化综合体文化与新文化的整合关系，即外整合。文化在实践过程中是不断变化的，地域文化系统在时间发展过程中形成自身的文化传统，当外来文化影响时，总是经过一定时间与原文化传统相整合（不是照搬）。这种地域文化的新整合，促进地域文化系统的发展。

现代旅游跨文化交流和文化扩散的趋势必然伴随着文化的整合或冲突两者的对立与统一。旅游文化的整合或冲突起于旅游主体在旅游过程中与目的地文化的接触之际，与目的地文化发生的接触、碰撞、震惊或冲突，以及在这同时不同文化得到的交流和融合。旅游主体在吸取目的地文化因子的同时，也将原有文化传播至目的地。文化整合实际上是不同的文化通过涵化而重新组合。原来渊源不同、性质不同以及目标取向、价值取向不同的异质文化，经过相互接近、彼此协调，它们的内容与形式、性质与功能以及价值取向、目标取向等也就不断修正，发生变化，特别是为共同适应市场的需要、社会的需要，逐渐融合，组成新的文化体系。新文化的产生不仅存在于整个文化体系的整合过程中，也存于它的各个子系统的交互作用、彼此影响的各个方面。

当代旅游并不会因为发生文化冲突而停止整合的趋势。文化的冲突与整合是文化传播过程中的两个方面，尽管旅游会带来旅游目的地社会的某些干扰和破坏。但是，通过旅游，各个不同的民族社会都进入了国际化的进程，它们逐渐同国际范围内组织起来的经济、社会、文化体制衔接起来；同时，各国本身的参照体制却在解体。这样，"接待"旅游或"出发"旅游的各个不同的社会都被带入了出于同一原因的变化之中。也就是说，旅游能带来文化的世界性转型和整合。

1995 年 4 月在西班牙加纳利群岛的兰沙罗特召开了"可持续旅游发展世界大会"，会上通过了《可持续旅游发展宪章》。这一宪章中这样说道，旅游具有两重性。一方面旅游能够促进社会经济和文化的发展；同时，旅游也加剧了环境的损耗和地方特色的消失，对旅游应该用综合方法进行探讨。"在这样一个关于旅游两重性的表述中，除了经济发展和环境损耗外着重谈到了文化。世界文化因旅游而得到发展，这样的发展通过旅游的跨文化交流、整合得以扩散和传播，与此同时，各地方独特的文化特色也会因旅游而趋于消失。旅游因其大众化和普遍性不可遏制地在大量的文化交流中起到文化整合的作用；而各种异质文化间的整合也就是地方特色文化的消失。这样的文化整合有几种明显的表现。

第一，旅游文化的融合与整合表现在旅游者与目的地人民之间的友好和互助上。

第二，旅游文化的整合亦表现在现代旅游企业制度在东道国的移植和扎根。

第三，旅游文化的整合最主要的是不同文化集团和社会背景的人们的精神交流和情感融合。

现代旅游文化的整合，是以保持各自的民族精神为前提的，中国文化在整合世界先进文化因子时，是以自己求稳健、重道德、爱集体的民族精神和灵魂为基础的。例如，中国旅游企业在引进西方以经济杠杆为核心的管理经验的同时，仍然强调道德和人格在企业中发挥的作用；在引进西方个人主义的同时，将个人、集体与国家三者利益结合起来，强调中国的团队传统；在引进西方冒险精神的同时，一个国家，一个民族，它的文化体系愈是整合了不同的文化特质，那么，其文化体系就愈丰富，愈有生命力；而一个文化体系愈丰富，愈有生命力，它的整合能力就愈强。无整合能力的文化，则是脆弱的，经不起历史挫折的文化。人类历史上许多文化衰亡了，消失了，其中交通不便，无法与其他文化交往、整合便是原因之一。中国文化所以如滔滔江河，川流不息，具有无限的生命力，就是因为它在整个历史时期不断整合各异质文化特质的结果。文化整合既可以使文化不断更新、发展，也可以使文化保持旺盛的生命力，立于不败之地。

各国及各民族文化在旅游中走向相互整合，这种整合不是统一于什么民族为模式的单一文化之中。而是按照"和而不同"的整合方法，由各国各民族将自己优秀的文化贡献给世界，形成既能适应各国具体情况又具有世界普泛性的富有弹性的新的文化。当前，具有时代感的旅游精神已经开始形成，现代旅游企业的管理制度业已普及。正像世界发达国家的旅游者已经走进中国一样，中国的旅游者也必将走向世界，参与世界旅游经济大循环，共创全球旅游文化新体系。

二、旅游目的地的社会转型

旅游现象是一国一地区市场经济发展到一定时期的产物，由此在世界范围内的产生、发展的必然有其不平衡性。经济相对发达的国家和地区首先成为旅游客源国，那里的人民首先成为旅游者。有消费就必然要有市场，与此同时，经济欠发达地区首先的、必然的只能成为旅游目的地，那里的人民首先的也是必然的成为旅游业从业人员。在我国，市场经济相对发达的各大城市首先是国内旅游的主要客源地。据 20 世纪 90 年代后期的统计，我国城镇居民的出游率高达 90%，远高于农村人口 47% 的出游率。此外，城市居民还是出境旅游的主体。经济发达地区的居民首先成为旅游者的趋势在世界范围内也相当明确。与此相适应的，在中国西部及周边一些少数民族那里产生了"开发旅游、脱贫致富"的口号，那里首先以开发旅游景点成为旅游目的地和发展旅游行业，成为其经济发展的先导产业、支柱产业。这就带来了经济欠发达地区和民族大量的乃至整个区域（乡、县、省区、民族）的旅游开发。因大量的、持续的旅游者的涌入和所有人力资源乃至所有地方资源和民族资源投入旅游业，使各不相同的民族社会都先后进入了国际化的进程。它们逐渐同国际范围内组织起来的经济、社会、文化体制衔接起来。这些欠发达地区和民族社会在开发旅游业之前主要从事农业、畜牧业，甚至个别民族和地区仍保留着某种刀耕火种、采集、狩猎等相对更原始的生产阶段的痕迹。因旅游开发，它们均成为旅游目的地，成为经济发达区域中工业、后工业文明社会不可或缺的一个补充，成为和城市共生存的"后花园"。这使原有的由古老历史延续而来的经济、文化和生活就此转型；千年承续发展而来的独特民族文化，被开发成为旅游市场上的特色产品、主打产品；区域性的旅游业、民族的旅游业进一步转型为从事旅游业区域、旅游业民族。这时，这些民族、这些区域内由历史积淀而相对稳固的经济、文化体制随着旅游业经济的兴起而解体。原先从事田间劳作的人力资源一夜之间成为旅行社、旅游开发公司、旅游接待公司、景点管理、餐饮旅店等一条龙式的旅游业职员，原先按农事贺岁时发生的节日及民俗民间活动，变成了旅游者即时消费的文化产业。整个区域的社会转型首先来自其中的文化转型，而文化转型则首先表现在民俗内涵的转型。

美国加利福尼亚大学伯克利分校的人类学者 E·克里斯特尔考察了印度尼西亚托六甲（Tana Toraja，也翻译为托拉查）地区的旅游业，对旅游业使托六甲民俗和文化内涵的转型做了研究。托六甲人的数量大约是 20 万左右，像印度尼西亚的其他地区的大多数民族一样，他们都受到了印度文化、伊斯兰文化和基督教文化的影响。直到最近，托六甲人还保留着他们的宗教信仰，而这种信仰是建立在对祖先和众神的崇拜之上的。自然，活着的人都能在一种符号系统中互相联系，在血缘和婚姻纽带上的共同连接，将每一个家族都附着于祖先所遗留下来的房子的装饰物上，精心安排的和经常是冗长的葬礼显示出无比的重要性。它往往伴有唱歌、列队前进和舞蹈。在葬礼期间仪式化地屠宰大量的猪和牛。那些被邀请分享这顿肉食的家庭不得不在将来的某一天用实物的形式偿还他们的"债务"，否则要冒丧失社会地位的风险。

自 1906 年起，荷兰传教士的到来意味着许多的葬礼仪式虽继续被演示着，但它们越来越被降为地方风俗，并丧失了它们早期所具有的那种深层次的、宗教上的大部分内容。更有甚者，在 1949 年印度尼西亚从荷兰人手中赢得独立之后，政府下决心实现印度尼西亚的现代化，20 世纪 70 年代，这里成为旅游开发地区。1975 年，大约有 2500 名游客参观了托六甲地区，但到 1985 年，这一数字已上升到约 40000 人，在 1986 年，托六甲地区成为仅次于巴厘岛的印度尼西亚最重要的旅游发展区，到 20 世纪 80 年代中期后，汽车服务、宾馆和饭店已遍及全岛，并且旅游代理人正源源不断地从世界各地和印尼的其他地区招揽来大量的游客。国际旅游业已完全改变了托六甲社会结构。对此，E·克里斯特尔说道："托六甲地区文化是反映东南亚本土建筑、工艺和宗教传统的鲜活例子。这个相当偏僻的地方虽然早色被整合进现代印度尼西亚政治体系，但是直到新政府开始挖掘它的文化资源来发展国际旅游业时，它才出现在国家的发展规划中。1974 年 11 月前的资料显示，托六甲区商业旅游小规模增长的负面影响很小，在某些情况下甚至有助于恢复人们对当地仪式和艺术传统的兴趣……然而，如果游客不断涌入这个地区，即便规模不大，我们也得对其可能造成的长远影响加以考虑。努涅斯建议在当今世界的新兴发展中国家，如果较大型的社会（特别是正式的国家机器）特别关注一个过去被忽视的社区，不论这是出于什么原因——旅游、本土主义或民族主义，人类学家都应对其影响保持警惕^努涅斯这番话就好像是专门针对托六甲地区而说的。对旅游业可能出现的影响进行预测只能是暂时的。苏拉威西的旅游道德观对高地人祖传的仪式性自我决定的特权做出让步，因此托六甲在省级和国家级的规划中的地位异常得突出。不断增长的旅游业必然会导致宗教意识的商业化，果真如此的话，托六甲仪式将成为商品。如果仪式的某个方面——实物赠予——改变了，那么与葬礼有关的风俗习惯的其他所有方面还会一成不变吗？作为一种选择，仪式活动会被重新组织，变成一种向游客展示的'表演'，而这样的'表演'有可能会让仪式丧失其完整的含义。……这一切充分说明，旅游将会成为托六甲人生活的特征，这一特征会不断发展。要预先防范旅游的有害影响比如亵渎遗产、玷污仪式、让坚持传统主义的农民成为牺牲品，我们必须明智地对旅游进行规划。"①

法国的罗贝尔·朗卡尔为此严肃地指出："这种被传播媒介和梦想制造者加以强化的操纵手段，导致了对文化和艺术的掠夺。在进行了古董、古老的首饰、地毯、小雕像和面具的最初的拍卖后，这种现象便迅速发展起来：这是为了满足旅游者的国家所显示出来的需求，因为从第三世界带回的物品在这些国家引起了迷恋。

旅游使传统的或民间的舞蹈变成粗俗的肚皮舞，并使其丧失神圣性或象征性。旅游使当地的建筑丧失其价值：人们将建的是假塔、新摩尔式建筑和假热带茅屋。这种影响还超

① 　[法] 罗贝尔·郎卡尔：《旅游和旅行社会学》，陈立春译，商务印书馆，1997 年版，第 91 页。

越艺术和建筑，最终触及宗教：使礼拜场所非神圣化，使宗教仪式变质，使圣物受到亵渎。人们在现场录制或摄制各种仪式，从而妨碍了仪式的进行，还应他人之索加以复制，而不顾及进行这些仪式的时间和背景等因素。"由习俗的转型，进而是文化的转型，最后是整个经济基础和社会的转型，人类学家和社会学家对旅游使边缘的、少数民族地区社会转型的研究，遍及世界各地。

三、民族旅游与传统复兴及文化再建构

族群认同是"以族群或种族为基础，用以区别我群与他群，是同他族他群交往过程中对内的异中求同及对外的同中求异的过程"……族群认同实质上即为族群边界，它表现为对内维持族群凝聚力的自我认同及对外区分我群与他群的相互认同两个方面。

在民族旅游中，当地少数民族居民与游客的接触往往会唤起少数民族族群对于自身的认识，还会加强他们对于自身身份及自我表述的关注，云南民族旅游本质上是基于"越是民族的，就越是世界的"理念和共识而开发的。因而每一个云南的少数民族族群都紧紧抓住这个既能展示、构建群体自我又能发展自我的机遇，将族群文化的重塑与自我的历史文化、民风民俗和得天独厚的自然生态景观结合起来，积极地开发民族旅游产业，适时地调整旅游产业结构，尽力地争取在民族旅游发展过程中不断发展、更新自我。例如路南彝族自治县，为了石林世界自然奇观与少数民族旅游相配合的宣传效应，更其县名为石林彝族自治县；中甸县也一样，更名为香格里拉县。

与此同时，每一个民族都在旅游大潮中开始重新塑造自我形象，强化族群认同。民族旅游与丽江纳西族意识认同的互动就是一个较典型的例子。丽江地处青藏高原和云贵高原的衔接地带，是滇西北多文化的融合点，在历史上长期与其他族群的交往和交流，形成了汉、藏文化和纳西本土文化三位一体的独特文化被称为人类文明活化石的纳西东巴文化、被列为世界文化遗产的丽江古城以及象征着纳西民族精神的玉龙雪山都被纳西人视为丽江旅游的灵魂，从政府到民众都认为深厚的纳西文化底蕴是发展丽江旅游和可持续发展的关键。因此，政府明确提出将丽江建设成"民族文化强县"的口号丽江在开发旅游的过程中，民族旅游的热潮唤起了纳西人对本族群文化的热爱和再认同。纳西东巴文化20世纪50年代之后，随着社会和政治制度的急剧变迁，已经濒临全面崩溃的边缘[①]。20世纪90年代以来，国内外学术界对纳西东巴文化的关注促成了纳西文化的复苏，尤其是旅游的开发，为人们视为神秘深奥的纳西东巴文化，日益发展成为一种吸引国内外游客、推动纳西族地区旅游大潮的主要文化因素。这一切与纳西人力图在旅游开发中再现种种已经和正在消失的东巴文化分不开，而其中纳西人努力再建构自我族群认同的内趋力起着不可忽视的作用。最富有象征意义的纳西族形象再建构莫过于1999年丽江国际东巴文化艺术节的大展演。其间动员和汇集了几乎全国乃至世界的纳西族以及对纳西文化有认同感的各界精英，参与该艺

---

① 杨福泉：《东巴文化的命运及其与纳西族地区旅游发展之关系》，"会议论文"。

术节的出谋划策和全过程的操演和实施，纳西大型文艺节目《东巴魂》和《纳西古乐》令人耳目一新的表演，纳西东巴文化祭天、祭风、祭曙三大仪式向游人的展示，重建再现纳西人昔日辉煌木氏土司府的剪彩，艺术节国际学术讨论会上热烈而激情的发言等等，

旅游跨文化交际行为的从民俗、艺术、宗教、建筑、学术等角度全方位地展示纳西文化的独特性、奇异性和隐含于其中的族群意识。并且借以重新塑造新的纳西族群形象和自我表述，以及象征着本土文化与外来文化在纳西文化中交汇、融合的不同表述。这一切使得纳西族在云南民族旅游开发的特定场景中，象征性的族群意识借助于民族身份的再认同得以强化，甚至比以往更强烈，并在与民族旅游发展的互动中得以传承、延续、发展。

可以说，民族旅游是推动各族群文化的互动和交流的一种最有效的活动，而这种活动往往和世界全球化过程紧密相连。"通过旅游，各个不同的民族社会都进入了国际化的进程，它们逐渐同国际范围内组织起来的经济、社会、文化体制衔接起来"。在民族文化交往和互动的全球化过程中，云南少数民族传统文化在旅游浪潮的冲击、碰撞下，与各种外来的文化（包括西方的和本土的强势文化）撞击和互动达到了前所未有的广泛和深刻。而作为对这一态势的回应和抗争，少数民族传统文化借助旅游大潮的高涨和机遇，在族群精英的斡旋和地方经济发展策略及大众传媒的鼓动下乘势恢复和重建。在云南少数民族地区这一类例子数不胜数。

白族聚居之地大理，前些年因洱海出水口下关地处昆明、保山、丽江三地交通要道，州政府将城市建设的重心放在下关，投巨资建设新兴城市并改名为下关市，而古城大理逐渐衰落。随着民族旅游的兴盛，古城大理的地位得到重视，政府不仅加大对大理古城的投资力度，引外资新建五星级宾馆，将大理古城城门、杜文秀帅府、三塔寺、蝴蝶泉、观音塘等象征白族重要历史文化的古迹、遗址重建复兴；为了吸引游客，还将大理城、下关市合并更名为大理市，以此提高大理对内对外的知名度。在开发白族文化旅游的过程中，当地政府逐渐意识到本民族的民居建筑是展示白族文化特色的重要内容。有意识地整改城镇建筑那种所谓"现代"的火柴盒加白瓷砖的模式，在城建设计规划中，强调白族民居建筑风格，从设计到实施一系列过程中都给予政策性的扶持和指导，甚至给予资金上的补助。现在不论在古城大理还是大理—丽江一级公路沿线，处处可见焕然一新的浓郁白族风格的民居建筑，从视觉到心理都使游客感受到白族与众不同的人文风貌、悠久历史和丰富的文化内涵。

洱源县是以水域风光为主体的自然旅游资源和以古建筑和民俗风情为特征的人文旅游资源相互交融的大理州民族旅游景区。近年来，发展白族文化旅游取得了良好的经济和社会效应。2002又通过专家评审，计划投资4000万元恢复洱源县邓赕诏古城，再现云南历史上强大的地方少数民族政权南诏建立之前的景观，如准备恢复邓赕王行宫、望城阁、祭坛，柏节夫人及皮逻阁本主庙等等。大有乘民族旅游大潮，缅怀地方历史，恢复民族记忆，复兴白族文化之势。

宁蒗县泸沽湖畔落水村的摩梭人以美妙的湖光山色和至今仍保留着令世人惊异的母系

文化特点吸引着成千上万的旅游者。该村村长认为；正是有了旅游，摩梭人的传统文化才得以复兴和保留。因为前几十年的社会变动，摩梭人传统的文化特色几乎消失殆尽，不仅服装趋于汉化、传统民族歌舞销声匿迹，就连宗教，甚至摩梭人最本真的文化特质"交阿注"也难以幸免。而旅游者的频繁光顾，刺激了摩梭人群体意识的复苏，意识到自己文化价值的独特性，乘民族旅游之大潮，不遗余力地再现自己的文化。

云南民族旅游通过具有民族历史价值的人文旅游景观的再现和重组，一方面展示了少数民族自身文化智慧和创造力，重新唤起了本民族成员的历史记忆，增强了内聚力和自信心及自豪感；另一方面，也使得主流文化群体的游客在民族旅游中获得对云南少数民族文化的新的认知和再认识，由此对这些长期游离于主流文化之外的"边缘群体文化"在不同程度上重新得到肯定和新的评价。总之，在这一过程中，云南的民族旅游推动着各少数民族传统文化的复兴和民族身份、民族精神的再建构得以不断地展现。

云南民族旅游的大潮不仅带来了族群文化复兴的契机，而且为族群文化的复制、再造和再生产提供了前所未有的场景和舞台。"文化的存在形式是什么？是复制。文化被不断地复制，在复制中存在，在复制中保持价值和意义，复制是一种运动形式。所谓＜原汁原味＞的文化，从严格意义上说，是不存在的。"丽江纳西东巴文化在旅游发展的推波助澜中复制、再造作了最有力的说明。纳西东巴文化"千百年来，它对纳西族的社会生活、文化习俗、民族精神等有过重大的影响。20世纪50年之后，随着社会和政治制度的急剧变迁，纳西族民间的东巴教活动日趋衰落。东巴的父子传承制度大多消亡。在'文化大革命'浩劫中，无以数计的东巴经典、东巴法器等被强行毁灭。东巴文化濒临全面崩溃的边缘"。

20世纪90年代以来，在开放的学术环境和宽松的政治氛围中，纳西东巴文化的自我恢复和国内外学术界对东巴文化的关注促成了东巴文化的复苏，尤其是旅游的开发，使"原来仅仅局限在学术界的探讨，为人们视为神秘深奥的东巴文化，也开始走向市场，逐渐被开发出种种在纳西族地区最引人注目的文化商品，并日益发展成为一种吸引国内外游客、推动纳西族地区旅游大潮的主要文化因素"。现今，以纳西东巴文化内容、形式出现的书画、工艺品、服饰、歌舞娱乐、餐饮充满了丽江新老城区的大街小巷。濒临消亡的被誉为活着的象形文字纳西东巴图文，不仅在重新复制的基础上大有作为，而且伴随着文化商品化的感染力激发了纳西人对古老的东巴图文艺术创新的想象，创造了不计其数的东巴书画、木雕、石刻等艺术。

不仅如此，主流文化之有识之士也踊跃介入了纳西东巴文化再造、创新的洪流。2002年"五一"期间，笔者在国际旅游节丽江分会场举行的东巴文化艺术节期间，就有幸听到几位分别来自昆明、南京、泰国学者的会议发言，对纳西东巴文化的再造和创新提出了不少见解，有的已经付诸或正在参与纳西东巴文化的再造和创新的实践。当地纳西族的知识精英更是在这一过程中起着不可替代的重要作用。如知名纳西族学者郭大烈等一批纳西知识精英，不仅为纳西东巴文化的复兴、传承不遗余力的呼吁、奔走，而且在地方政府的支持下办起了"东巴文化传习院"，专门聘请所剩无几的著名的纳西老东巴为黄山乡的小学生课余时间传授东巴文化，从象形文字的认、读、诵、写，到东巴舞的习练及各种东巴祭祀仪式的演排，对纳西青少年进行循序渐进地教授和传习，并取得了很好的效果。

被培训习练的这些孩子中，有将近一半是女孩，这意味着不久的将来，很有可能由女性东巴来主持纳西族的东巴祭祀仪式。虽然纳西历史上有女东巴的传说，但深受主流文化的影响女性东巴在现实社会生活中早已绝迹。这种表象，潜藏着纳西传统意识女性至上与现代主流文化女性意识复苏两条激流交汇合流的深层意义。

同时，这也明显地意味着由民族旅游大潮而引发的纳西东巴文化的传习复制，并非是简单意义上的传承复制，而是在此过程中不断添加进了新的成分和内容。纳西东巴文化在旅游的场景中选择、更新，在复制中存在、回归，在复制运动中悄无声息地适时地附着新的文化因子，这一切都彰显着一个目的——使纳西东巴文化更能保留、强化其历史及现实的独特的价值和意义。

在我国其他地区也有一些类似的情况，贵州东北部铜仁地区江口、印江、松桃三县交界处坐落着武陵山脉主峰梵净山。梵净山山体庞大，古称九龙神山，现划归梵净山国家级自然保护区，面积达 567 平方公里。当地百姓自古有朝山习俗，据印江县政府宗教办长期从事民俗与宗教研究的权威人士说，正规的朝山，即把朝山看作是一项群众性集体宗教活动，其时间是每年农历的六月初一开始，历经三个月时间，至农历九月渐渐稀少而结束。在朝山之前即农历五月三十日，住在山中几个寨子的大山子民要举行开山仪式。所谓开山是上山必经之道村寨的群众，自发组织起来，出钱、出粮、出物资、出劳力，自带工具，将上山之路检修一番。在当地村民和信奉山神的信徒们的观念中，作为大山子民和主人，为每年的朝山活动作一个先导，作一禀告山神的礼仪是责无旁贷的。主人先走一遭，走一段，让大山，即山上的树、草、石、泉、水、动物、庙、菩萨……大山上的一切生灵、神灵都知道：今年的朝山开始了。上山的路不检修，并非就不能行走，但大山子民认为不开山有负"主人"的责任，有负大山神灵，万万不可。

旅游的这种社会转型效应已经被国内外的学者所关注和重视。法国的罗贝尔·朗卡尔严肃地指出旅游所带来的，往往是一种应当同社会演变区分开来的变革。社会演变是社会在一个很长时期内，亦即超过一代人、甚至几代人的生命的时期内所经历的所有变化，而社会变革则毋宁说是在更短的时间内可以看得到、并加以证实的变化。而且，从地理和社会学的角度看，社会变革更具局限性。人们是在比社会演变更有限的地理空间和社会文化环境内观察到这种变革的。社会变革必然是一种集体的现象，这种现象影响到生活条件和生活方式，甚或影响到那些参与变革者的精神世界。人们于是观察到一种结构性变化，观察到社会组织整个的或其中某些因素的改变，这种改变可以通过时间加以辨认，而且它还以并非仅仅是暂时或转瞬即逝的方式影响这个社会的历史进程；变革是依据一种过程，或一种进程展开的，而这一进程构成了变革中的事件、现象和行动的顺序和系列。"罗宾·科恩和保罗·肯尼迪在他们《全球社会学》一书中专门探讨了旅游业给旅游地国家和社会带来的影响，书中说："正如我们已经看到的那样，由政府所推动的旅游业需要建构。一些有‘代表性，或他人性的标志物以及其他一些符号，以吸引游客并从中获益，但因此旅游业还通过游客的眼睛把东道主社会展示给外部世界。上述各个方面开始改变东道主社会的某些特质。部分地，这是因为东道主获得了更高层次上的自我认识和灵活性，考虑到他们现在做生意——实际上重塑他们的社会认同，这不大会使人感到吃惊。实际上，他们对自己的生活方式作了多方面的选择。"

四、旅游主体文化身份的转型

文化转型不仅发生在从事旅游业的地区和民族，而且也发生在旅游者身上。任何旅游主体都是生活在久居地自身文化环境中的一分子，由此旅游主体有其自身的人格和文化身份，这种身份形成于区域的民族的历史和群体的文化认同中。这种长期的历史和群体文化认同通过这样四方面塑造和造就个人的文化身份：智能文化（科学、技术、知识等）、物质文化（房屋、器皿、机械等）；规范文化（社会组织、制度、政治和法律制度、伦理道德、风俗习惯、教育等）；精神文化（宗教、信仰、审美、文学、文艺等）等。所有这些文化都体现在区域的、民族的具体文化事物之中。具体文化事物形成具体的参照系，形成和造就主体主体的文化身份。世界上的人概莫能外。

旅游者群体的文化转型问题，应从旅游出发的地区和潜在旅游者集体的效应开始。旅游出发地区和潜在旅游者集体，是指那些能获得剩余的收入和必要的时俩，以使大部分居民出发旅行的地区和集体。从这一视野看问题，首先旅游即是客源地居民的日常生活一

部分。今天，旅游被看成是一种自在的财富，它有益健康，并给人罩上荣耀的光环。旅游是日常生活的一种间歇，这种间歇又使日常生活得到肯定，得到满足。它可以使客源国居民对他国、他民族作了解，在游览和参与他种文化的过程中有所体验、比较和理解，所以它又会使旅游客源国主导文化的拥有者感到满足。不仅是满足，在当今世界一体化、全球化进程中，这种了解、体验、比较和理解成为一种资源和力量。因为先进的文化只能出现在那些对当今世界各种文化的比较、理解和把握的民族、集体或区域里，而绝不会出现在那些封闭、固守一隅、故步自封的区域和集体当中。

旅游使得客源国家本身的精神面貌发生演变。这种演变的主要表现是：生活质量观念的提高；更加重视人际关系，重视诸如零修活、手工活或工艺活之类的家庭和个人活动；到乡村暂住这类旅游活动更为普通；人们越来越多地参加各种表演或文化旅游。从更广泛的方面看，最突出的后果是一种"旅游文化"的出现，尤其是在中产阶级中。这种新的文化的特点是寻求生活环境的生态安全和精神享受，提高个人的价值，把接待地区的某些价值融合过来。这种新的旅游文化主要是视觉的和感观的，它与传统意义上的某定居文化的主导模式有着深刻的区别。它从一个方面造成了一种社会经济潮流，那就是通过饮食、穿着以及对于音乐、绘画和一般艺术的态度和文化习惯等来寻求异国情调。

旅游还在旅游者，尤其是在年轻旅游者的人格的培养过程中担负着某些职能。因此，

旅游具有一种非常明显的教育意义。它可以是一种社会化的因素，因为它使人亲自了解现实，而且可以使人培养起面对现实的某些态度。它也是一种培养感情的因素，在很多情况下，它有利于智力、艺术和文学方面的创造。而且，已经证实，旅游有利于不适应社会者的再社会化过程和残疾人的康复过程。然而，当旅游者对世界的了解过于肤浅甚至遭到歪曲时，当由于糟糕的组织导致了消费态度而不是创造态度的形成时，当旅游中允许不道德的行为，或者没有创造出有利于深入的情感锻炼的条件时，旅游就会成为一种教育机能障碍的因素。总之，旅游提供了一系列可能，究竟何种可能起作用，在很大程度上取决于旅游者自身的态度和旅游的类型。

第五章　文化全球化与跨文化交际研究

　　跨文化交际学（intercultural communication 或 cross-cultural com-munication，还有的称为 transcultural communication）是一门非常年轻的学科，在中国也是首先作为舶来品，而后在此基础上发展起来的。但是，近年来伴随着文化全球化的巨大浪潮，这门学科以其旺盛而强劲的发展态势一跃成为语言与文化研究领域中引人注目的显学。

　　自从 20 世纪 80 年代以来，伴随着中国的对外开放以及中西文化的交流，跨文化交际学作为一门新兴学科在我国兴起。先后出版了胡文仲主编的《跨文化交际与英语学习》、《跨文化交际学选读》；邓炎昌、刘润清著的《语言与文化——英汉语言文化对比》；顾嘉祖、陆异主编的《语言与文化》；关世杰著的《跨文化交流学——提高涉外交流能力的学问》；林大津著的《跨文化交际研究——与英美人交往指南》；王宏印著的《跨文化传统——如何与外国人交往》；贾玉新著的《跨文化交际学》；胡文仲、高一虹合著的《外语教学与文化》；胡文仲著的《跨文化交际学概论》和《跨越文化的屏障》；顾嘉祖主编的《跨文化交际——外国语言文学中的隐蔽文化》等专著。发表的论文更是汗牛充栋。这些著作和论文从不同的视角对跨文化交际学的理论体系、研究对象、研究内容、研究方法以及实践运用等进行了多侧面的比较深入的研究，对我国跨文化交际学的学科建设以及以中国学者的跨文化交际学研究成果与国际同行对话，都起到了非常重要的作用。但是，也应该看到，有些比较早的著作和论文，如 20 世纪先后出版和发表的一些著作与论文，写作的背景都是在对全球化，特别是对文化全球化的发展趋势，以及由此带来的一系列前所未有的新情况思想准备不足的情况下进行的。近几年出版的一些著作，有的已经注意到了全球化特别是文化全球化对跨文化交际研究带来的影响，但是将全书始终置于全球化特别是文化全球化的视野加以考察的还不多见，这就使所论述的问题难免会存在一定的时效性、或然性和局限性。在研究方法上，也难免会出现进行文化差异性分析研究的多，而将文化的差异性与文化的共同性结合起来研究的少；理论阐述上从学理性的层面进行定性分析的多，而注重对客观事实进行科学分析，将定性分析与在实证性研究基础上进行的定量分析统一起来的少；对跨文化交际的各种现象进行研究的多，而透过现象揭示跨文化交际的本质和规律的研究少。此类现象的出现既是客观的事实，同时也是时代的局限和认识的局限所导致的，完全是情有可原的。

　　在文化全球化的状态下，跨文化交际学的理论与实践都出现了异常丰富和十分复杂的现象，跨文化交际学的研究面临着研究对象、研究方法、研究手段、研究理念等方面的全面转型。需要理论界以与时俱进的勇气，在已有的研究成果基础上继续超越，特别要更加注重研究文化全球化背景下的跨文化交际学的一系列新问题。基于此，本书力图将跨文化交际学的研究始终放在全球化特别是文化全球化的背景下加以考察和说明，试图在国内以一种比较新的研究论域和比较新的分析框架以及比较新的研究方法，展开对跨文化交际学的研究。本书的书名也显示了这一意图。

第一节　文化全球化与跨文化交际学科发展的背景

一、文化全球化是推动跨文化交际学科发展的深刻动因

　　跨文化交际学作为研究不同语言与文化背景的人们相互交际和有效协调沟通的学问，是在文化全球化的宏观背景以及跨文化交际的实践基础上产生的。换言之，全球化特别是文化全球化的巨大浪潮、人们日常大量的感性的跨文化交际实践以及在此实践基础上产生的语言和文化差异，并由此导致的一系列矛盾和问题，成为推动研究者从理论的高度探讨和分析跨文化交际中的矛盾和问题，并试图从中揭示出带有本质性和规律性的问题，找到解决矛盾和问题的基本对策的强烈研究动因，由此极大地推动着跨文化交际学这门综合性、交叉性和应用性的新兴学科的产生和发展。

　　跨文化交际学主要研究不同语言和文化背景的人们在交往过程中出现的诸种矛盾以及跨文化交际中的本质和规律。无论是文化学还是交际学，是一般意义上研究人际交往的交际学还是研究不同语言和文化之间交往的跨文化交际学，归根到底都属于人学，都与人的本质属性以及人的社会活动特别是人际交往活动存在着内在的紧密联系。作为具体的活生生的从事认识和实践活动主体的人，从来都不是抽象的脱离社会关系的人，而是作为类的存在物，即作为合群的动物而存在着的。合群意味着人与人之间要进行交际，并通过交际达到理解和沟通。因此，交际是人和人类的本性。《诗经》云："嘤其鸣矣，求其友声。相彼鸟矣，犹求友声；矧伊人矣，不求友生？"确实如此，不管是作为个体的人，还是作为群体的人，都是通过交际而存在着和发展着的，交际已成为人类生存和发展必不可少的需要。交际既是人类历史发展的必然伴侣，也是人们日常生活和日常接触的必然伴侣。交际既是个体存在和发展的前提条件，也是人类社会存在和发展的前提条件。正如人永远不能抓着自己的头发离开地球一样，人也永远不能脱离自己所处的周围的环境——周围的物理环境和人文环境。人与人之间的交际活动，构成了人生存和发展的重要的人文环境。交际在传承文明、交流思想、互通信息、增长才干、提高人的素质、促进人的全面发展等方面都起着十分重要的作用。从这一意义上说，人作为合群的动物，实质上是交际的动物。

　　实践充分表明，一个人不与其他人交际或很少与其他人交际，其身心就不能正常地健

康地发展。20世纪60年代，美国社会心理学家哈洛（Harlow）进行了一系列的恒河猴社会性发展实验。他们将猴子置身于不锈钢的房子里，湿度、空气流通、清扫和喂养等一切工作都是自动化的，隔绝了猴子与外界的一切交际活动。结果发现，被隔绝交际的猴子远比正常地进行交际活动的猴子有更强的恐惧反应，它们在情绪和交际行为上受到了伤害，精神上是不完善的。他比较了在不同条件下抚育的幼猴的社会行为的发展：（1）完全隔离；（2）有同伴没有母亲；（3）有母亲没有同伴。结果表明：完全隔离条件下长大的幼猴心理发展失常是最严重的；与同伴一起长大的幼猴彼此非常依恋，而被剥夺了同伴只与母亲接触的幼猴，游戏行为和情感发展都受到影响，对同伴的极度警觉和攻击性相当明显（Harlow，1969）。以最初与同伴接触的时间为变量来考察，结果表明，较长时间的同伴隔离，尤其是在生活早期，易产生较严重的社会适应不良（Suomi&Harlow，1975）。对人的研究同样发现了这一结果。有人研究生活在孤儿院里的儿童，他们常常平静而孤独地生活，得不到正常儿童应得到的爱抚性刺激，更缺乏良好的社会交际机会，所以不仅在智力发展，特别是语言能力发展上，低于同年龄的正常儿童，而且社会能力更差。他们或是对人冷漠，缺乏社会交际的愿望和能力，或者走向另一个极端，表现为情感的饥渴。

即使是身心已经发育成熟的人，同样希望交际，害怕孤独。一旦远离了人群共同体，身心就会发生异常。名著《鲁滨孙漂流记》中的鲁滨孙流落荒岛，首先想到的是找人。他呼喊道："啊！哪怕有一两个——哪怕只有一个人从这条船上逃出性命，跑到我这儿来呢！也好让我有一个伴侣，有一个同类的人说说话儿，交谈交谈啊。"《鲁滨孙漂流记》的题材源于真实的生活，所有的内容都是对真实的人物和真实的事件的客观写照。这从一个侧面说明了人际交往的重要性。

人类的交际活动是随着实践的发展不断拓展开来的，无论是从交际的范围、交际的对象、交际的手段和交际的方式都呈现出从简单到复杂，从单一到多样，从低级到高级的不断发展的趋势。从交际范围来说，人类的交际经历了从自然经济状态下那种"甘其食，美其服，安其居，乐其俗，邻国相望，鸡犬之声相闻，民至老死，不相往来"的小生产者的简单、狭小和封闭的模式向以文化全球化为特征的大开放、大交往的交际模式的转变。从交际对象来说，人类的交际经过了从血缘、地缘、业缘为主的交际交往对象向文化全球化时代突破了血缘、地缘和业缘关系的限制，呈现出多样性的交往对象的转变。从交际手段来说，人类的交际经过了从主要依靠语言手段和非语言手段实行面对面的直接交际为主向文化全球化时代主要依靠多种现代技术手段，使交际活动具有空前的丰富性、快速性和复杂多样性的特点转变。从交际方式来说，人类的交际经过了从长期的不平等、不民主，交际过程充满着厉害算计的方式向文化全球化时代交际双方更加注重合作、互利、共赢的方式转变。

汉语的"交际"概念，在英语中为communication一词，有"交通"、"传播"、"沟通"、"交流"、"传达"、"通讯"、"联络"等多种意思和译名。英文communication来源于拉丁语commonis一词，是corn—mon（共同的、共有的）意思。因此，交际这一概念与"共同"（cornmonness）有着紧密的联系，无论是交际的目的，还是交际的结果，都是交际双方或多方分享信息或共同享有信息，使知识增值。

人们的交际活动是在复杂多样的符号系统中进行的。符号是人们交际时使用的主要手段，是交际活动的媒介和工具。无论是直接的人际交往，还是间接的通过大众传播媒介进行的交际，其载体都是符号。人类的交际活动构成了一个丰富多样的符号世界，丰富多样的符号世界又推动着人类的交际活动，促进文明的进步。正是基于这一认识，德国思想家恩斯特·卡西尔将人定义为符号的动物。他说："符号化的思维和符号化的行为是人类生活中最富于代表性的特征，并且人类文化的全部发展都依赖于这些条件，这一点是无可争辩的。"① 符号的出现和符号世界的形成，使"人不再生活在一个单纯的物理宇宙之中，而是生活在一个符号宇宙之中。语言、神话、艺术和宗教则是这个符号宇宙的各部分，它们是织成符号之网的不同丝线，是人类经验的交织之网。人类在思想和经验之中取得的一切进步都使这符号之网更为精巧和牢固。"②

跨文化交际是在不同语言和文化背景的人们之间展开的交往活动。如果说，作为在某一种特定的人文环境中成长的人都有属于自己的文化圈的话，那么，当他一旦超越自己特定的文化圈，与其他文化圈的人进行交际时，就意味着不同文化之间产生了交流和沟通。所以，跨文化交际，实质上是不同文化或者是多种文化之间的交际，其结果，势必会产生不同文化或多元文化之间的碰撞，如果交际者能够遵循跨文化交际的规律，运用跨文化交际的理论进行交际，有效地规避和理性地对待不同文化的碰撞，自觉地协调和沟通多元文化之间的矛盾，求同存异，就能促使多元文化的并存、融合并在此基础上产生新的建构。

跨文化交际学作为一门新兴学科，虽然是在当代文化全球化的宏大背景下诞生的，到今天也只不过几十年的时间，但是，跨文化交际的实践则古已有之。人作为合群的动物，交际是人的本性，也是人的本质得以形成和展开的手段与途径。"自人类形成部落群体而开始人类文明之日起，当某一部落的人们遇到另一部落的人，发现他们之间存在差异时，跨文化交流便随之发生。后来，随着文明的发展，旅居者、传教士和征战四方的武士也遇到与己不同的民族。与异族之间存在的差异早已被认识到，但是由于人类缺少与之相伴随的文化知识，这种认知往往唤起他们的不良习性，对这些差异做出心存敌意的反应。"③ 如果说，在生产力还不发达的社会，跨文化交际还只是局限于不同的部落群体之间或者是不同的民族之间的话，那么，真正的全球互动式的跨文化交际是由资本主义所推动的经济全球化以及与之相伴随的文化全球化所带来的。

---

① 恩斯特·卡西尔著. 甘阳译. 人论. 上海：上海译文出版杜，1986，35.

② 恩斯特·卡西尔著. 甘阳译. 人论. 上海：上海译文出版杜，1986，35.

③ 拉里·A·萨默瓦、理查德·E·波特著. 闵惠泉、王纬、徐培喜等译. 跨文化传播. 北京：中国人民大学出版社，2004，4.

二、美国成为跨文化交际理论发祥地的原因

任何理论的产生都有其问世的世纪。正是跨文化交际的实践推动着跨文化交际学科的形成。1959 年美国文化人类学家爱德华·霍尔（E．T．Hall）的《无声的语言》一书问世，标志着美国跨文化交际学科的正式诞生。霍尔在该书中首先使用了"跨文化交际"这一概念，并提出了"文化亦交际，交际亦文化"的论断。在霍尔的影响下，到 20 世纪 60 年代，跨文化交际在美国得到了迅速的发展，对于推动跨文化交际研究深入进行产生比较大的影响力的书籍，如奥列佛（R．T．Oliver）的《文化与交际》和史密斯的（Smith）《交际与文化》等著作纷纷问世。到 20 世纪 70 年代，美国的跨文化交际学术研究又出现了一个新的高潮，出版了一大批理论分析与实证研究结合的书籍。其中影响比较大的有萨默瓦（L.Samovar）和波特（R E．Porter）合编的《跨文化交际学读本》、康顿（J．C Condon）和尤舍夫（F．Yousef）合著的《跨文化交际学引论》和霍尔的《超越文化》（Be-yondCulture，1977）。尤其需要强调的是，萨默瓦和波特合编的《跨文化交际学读本》自 1972 年问世以来，一版再版，每隔几年就出一次修订版，按照情况的变化，增加一些新的研究成果，使这本书一直保持着与时俱进的理论内容，至今为止，该书已出了第 10 版。到了 80 ~ 90 年代，跨文化交际学的理论研究已经出现了不同的学科各自从不同的方面进行研究的生动情景。如政治学、历史学、教育学、人类学、社会语言学、社会心理学、传播学，甚至宗教学都以跨文化交际学作为研究领域，展开了富有特色的研究，取得了可喜的研究成果。先后出版的影响比较大的重要著作有：《文化的后果》《跨文化交往》《跨文化交际理论》《与陌生人交往：跨文化交际的研究》《跨文化交际：语篇分析法》《跨文化交际》，等等。

与跨文化交际的理论研究深入进行相伴随，跨文化交际的课程在美国的一些大学纷纷设立。20 世纪 60 年代中期，匹兹堡大学、密执安州立大学等几所大学率先开设了有关跨文化交际方面的课程。到了 70 年代，美国开设跨文化交际课程的大学空前增多。到了1980 年，美国大约有 200 多所大学在本科层次开设了跨文化交际课程，大约有 60 多所大学在研究生层次开设了该类课程。第一个颁发跨文化交际博士文凭的大学是美国的印第安纳大学。现在美国的俄克拉荷马大学、亚利桑那州立大学、新墨西哥大学以及豪沃德大学都是跨文化交际学博士点最强的大学。总之，现在，跨文化交际学已经成为美国最时尚、最前卫和最热门的教学与研究的领域和课题。

跨文化交际理论伴随着文化全球化的时代背景和跨文化交际的实践而产生，那么，这门学科的诞生地为什么不是在欧洲，也不是在亚洲，更不是在非洲，而首先形成于美国？简而言之，是由美国的国情、美国的跨文化交际实践以及美国在文化全球化中的作用等因素决定的。

美国是世界上最典型的融合了全球不同的民族和种族的多元文化并存的国家，有"民族的大熔炉"（a melting pot）之称。从以前到现在，美国一直是一个典型的移民国家。

美国的移民规模之大、持续时间之久、融合程度之深，移民后所导致的多元文化并存之复杂，矛盾冲突之繁多，都是人类历史上罕见的。当今美国的3亿人口中，除了极少数的土著外，全都是移民及其后裔，美国的人口结构几乎囊括了全世界所有的种族和民族，来自亚洲、欧洲、加勒比地区、南美洲以及世界各地的移民，形成了美国这一号称"万生园"的多姿多彩的景象。美国建国后，来自英国、法国、德国等所谓的早期西欧白人"开拓者"占据着支配地位，从19世纪末至20世纪初，从南欧的意大利、东欧的波兰，以及亚洲的中国和日本等移民大量移入。在严酷的环境当中，各民族集团共同努力使美国得到了空前的发展。1908年在华盛顿公演的由英国籍犹太人作家詹克威尔创作的舞台剧《熔炉》（The Melting Pot），当时被人们普遍认为是美国历史发展的生动写照。剧中唱到："美国是上帝赐予的熔炉。来自欧洲的所有人种熔化在一起……这片土地上的有着五十种不同语言和不同历史的集团，反目为仇。然而并非永远如此，因为有上帝的火焰。争斗与复仇正被焚烧。德国人、法国人、爱尔兰人、英格兰人、犹太人、俄罗斯人，都将被投入熔炉。美国人将由上帝来创造。这里还没有真正的美国人，他们还在炉中。即将诞生的是融合了所有人种的超人！"[1]因此，从某种意义上说，研究美国文化，就是研究世界文化。即使不出美国国门，就是在美国国内，也是全球跨文化交际的最大场所。全球各种政治文化、宗教文化、交际文化、语言文化、风俗文化、饮食文化、消费文化等相聚在一起，多元文化时刻发生着矛盾、冲突，又在矛盾冲突中共存和发展。在现实生活中，融合了所有人种的超人的理想并不能如愿以偿。正如美国籍犹太人哲学家喀兰（Kallen）指出的："人或多或少可以改变自己的服装、政治观点、配偶者、宗教、哲学，但是却无法改变自己的祖父。"[2]他认为"熔炉理论"不仅在现实上难以实现，就是在理想上也有失妥当。他以管弦乐队为例，倡导"统一体中的多样性"。并于1915年发表题为《民主主义与熔炉》的论文，首次提出"文化的多元主义"（cultural pluralism）的概念。但须指出的是，与倡导融合主义的主要来自南欧和东欧的白人少数民族集团相同，喀兰当时所讲的"文化的多元主义"，实际上是限定在欧洲白人集团的范围内，并不包括黑人和土著的印第安人。即使是"熔炉理论"，实际上也同样是将欧洲白人集团以外的有色人种排除在外的。因此，在美国，如此众多的民族以及不同民族文化之间的相互适应和融合，绝不是一帆风顺的事情。必然会产生一系列的多元文化相互冲突的事件，为研究一系列的为了保证美国多元文化的和平共存，使美国社会既充满活力，同时又保持相对稳定性的理论课题，催生着跨文化交际学科的发展。

美国文化既深受犹太——基督教精神的浸润，集文艺复兴、宗教改革以来的西方文化之大成，又汇集来自世界各地移民的共同智慧。不仅具有丰富多彩的内涵，而且具有强大的对外影响力和辐射力。但是，美国多元文化的构成格局以及演变趋势，又给美国主流文化的稳定和对多元文化的统摄作用带来了一系列新的矛盾。美国社会的主流群体是信奉新教的盎格鲁—撒克逊白种人。种族优越的观念深深扎根于美国盎格鲁-撒克逊文化之中，

---

① 平治安政．アメニカの多文化教育に学が：明治出版社，1994：25.

② 平治安政．アメニカの多文化教育に学が：明治出版社，1994：25.

种族等级观念是美国意识形态的一个重要组成部分。在美国多元文化并存的结构中，拉美文化在美国西部的延伸，少数民族族群人口比例的上升，部分族群的伊斯兰化，文化马赛克现象的固定化等，都对以美国的白人、盎格鲁-撒克逊人、清教徒所构成的主流文化造成很大压力。如果任多元文化自由发展，有可能导致主流文化逐渐失去主流地位；如果采取极右翼白人至上主义的办法压制多元文化的发展，则会动摇美国合众为一的精神之基，又与美国长期倡导的自由、民主、平等思想相悖逆，必然会导致社会出现巨大的文化离散和分裂。这也是美国所不愿意看到的。因此，协调多元文化之间的矛盾和冲突，解决不同文化背景的人们在跨文化交际中的矛盾与问题，就成了推动美国跨文化交际理论研究的内在动力。

除了国内的原因外，在国际上美国如何在文化全球化的进程中发挥主导地位，如何改善美国的国家形象，有效地与具有不同文化价值观的国家和地区交往，也是促使美国进行跨文化交际理论研究的一个重大原因。长期以来，美国凭借它在国际上占有的强大的经济、政治和文化优势，在理论层面上向全世界强行推介美国的人文、哲学和社会科学理论，宣扬美国的社会制度和文化价值观；在大众文化层次上通过各种文化媒体传播美国的文化，如通过电视、国际互联网络、书籍、刊物、广告等推行他们的思想意识；同时还通过物质产品作为载体，推销美国文化，让人们在日常的生活和消费中接受美国的生活方式和消费方式。美国在国际交往上的这种强势做法，引起了世界上许多地区和许多国家的反感。尽管美国在各种对外援助计划上花费了数亿美金，但是，此举既没有赢得世界上别国人民的爱戴，也没有得到他们的尊重，相反，如今许多国家的人民却从内心深处厌恶美国人。美国为了改善自己的国家形象，迫切需要跨文化交际的理论与实务知识。因此，美国在世界上能够成为跨文化交际理论的发祥地，完全是根据时代和社会实践发展的需要应运而生的。

在文化全球化时代，不仅是美国，几乎是世界各国都存在着本土文化要有效地走出去，与其他国家和地区的文化沟通，本土文化又有及时地借鉴、吸纳和整合世界上其他文化的长处，发展壮大自己的任务。因此，美国在跨文化交际研究领域的理论成果，又迅速地传播到全球各地，为其他国家和地区所吸收，推动着世界各地的跨文化交际理论和实践的发展。

三、全球文化研究热以及对跨文化交际研究的理论贡献

文化全球化虽然是后起的，但是，文化研究无论是在中国、印度和日本等亚洲国家，还是在欧洲却具有十分悠久的历史。当然，文化研究，作为一个正式冠名的学术研究领域，作为与文化全球化相伴随的具有现代性的研究课题，其起源可以追溯到 20 世纪 50 年代末和 60 年代初由英国人理查德·霍加特和雷蒙德·威廉斯等人的工作，因而也就可以追溯到成立于 1964 年并先后由霍加德和斯图亚特·霍尔担任主任的英国伯明翰大学当代文化研究中心（the Center for Con-temporary Cultural Studies at the University of Birmingham）的学

者所从事的研究。他们当时研究的出发点是文学。但是，正是从文学的视角来研究文化，揭开了尔后蔚为壮观的文化研究的帷幕，也为跨文化交际的研究提供了坚实的理论基础。

理查德·霍加德（Rechard Hoggart）的专著《有文化的用处》（The Uses of Literacy，1957）和雷蒙德·威廉斯（Raymond Williams）的专著《文化与社会：1780—1950》（Culture and Society：1780—1950，1958）主要研究学院以外的英国劳苦大众的文化。所以对大众文化和媒体都很关心。当然，他们更关心的是资本主义社会的剥削问题。研究后资本主义怎样剥削，社会怎样转型，这个权利关系会产生怎样的影响。基本上是在政治、经济文化语境的范围内研究大众传播。后来又吸收了法兰克福学派，葛兰西、阿尔多塞、巴尔特等人的影响，开展了青年文化研究，媒体种族歧视与经济危机的比较研究，文化与媒体的女性研究等等。

理查德·霍加德的《有文化的用处》在英国的文化研究历史上具有重大的意义。这是一部有着较强的个人色彩的著作，全书分为两个部分，前一部分描绘了霍加德青年时代（20世纪30年代）英国工人阶级的文化生活，后一部分描述了50年代美国式的大众娱乐文化对这种传统的工人阶级文化的冲击。作者通过自己的亲身经历，描述了战后英国工人阶级生活上的变化，特别是文化流行主义和文化消费主义给当代生活所造成的直接后果。通过这些考察研究，霍加德意在表明这些变化是如何影响个人的整体生活方式的。作者认为，文化作为一个重要范畴，有助于人们认识到这一事实，即一切生活实践（例如阅读）是不可能从其他诸种生活实践（如体力劳动、性要求、家庭生活等）组成的大网中摆脱出来的，因为这两者有着千丝万缕的联系。霍加德对20世纪30年代的工人阶级文化充满了同情和赞赏，他认为，传统的工人阶级文化是自然的和淳朴的，传统的工人阶级社区是一个有机的整体，其特征是集体价值和人际关系的和谐。与对战前工人阶级文化的赞美形成鲜明对比的是他对战后美国式大众文化的批判。他认为，战后美国式的大众文化缺乏有机性，缺乏在普通群众活生生的文化经验中牢固的根基。他尖锐地将美国电视、流行音乐、犯罪小说等称为令人讨厌的文化赝品。

雷蒙德·威廉斯的专著《文化与社会：1780—1950》是一部在英国文化理论史上具有里程碑意义的巨著。该书出版于1958年，后数次重印发行，影响广泛。这部论著注重文化与社会的相互影响，尤其是从社会多重视角和社会的动态发展来诠释文化的新方向，批判了文化与社会的分离以及"高雅文化"与"作为一种整体生活方式的文化"的分离所带来的直接后果；促使了文化理论上独树一帜的流派——"文化唯物主义"（cultural materialism）在当代的崛起。威廉斯认为，文化是构成和改变现实的主要方式之一，在构造物质世界的过程中起着能动作用。他以犀利的笔锋尖锐地批判了根深蒂固的英国文化传统和文化制度。他理想中的文化不是由少数几个文人学士或局外人建构和分发，由老百姓接受和体验的"精英文化"，而是被共同占有、平等参与创造和共同控制的"共同文化"。这种文化不仅仅被社会中的精英所理解，而且更重要的是，也可以在非精英领域即人民大众日常生活中得以完整地体现。他反对精英文化的一统天下，提倡尊重一般民众文化传统和劳动者的尊严。他认为工会和其他劳工组织是参与文化民主进程并形成共同文化的重要力量。他鼓励人们去发现那些被上流社会瞧不起的大众娱乐文化方式，承认普通民众对传统大众文化的满足和欣赏。他认为，只有尊重有差异的他者的平等的文化权利，才能调动各个层次的人们对文化的创造热情，推动社会文化的发展。威廉斯认为，文化是一个"整体性生存方式"，是对某一特定生活方式的指代和总结。以后，威廉斯在他建构的"文化唯物主义"的著作《马克思主义与文学》（1977）中，对这一新的唯物主义的概念进行了全面的阐述。他认为文化唯物主义与传统的以经济基础和上层建筑为理论出发点的唯物主义的不同之处在于前者更重视语言的重要作用；而与结构主义的不同则在于它强调"有活力的语言"和"语言的发展历史"。注重语言的实际社会应用和意义的历史变化，从而丰富和发展了马克思主义的文化批评和文化研究理论，对后来的文化研究产生了重大的影响。[①]

他们的文化研究的主要特征有两点：一是采取了一种介入性的分析研究形式，也即专注于对各种文化做深入细致的分析研究。二是把各种文化现象放在一个大的社会语境下来考察。他们的研究很快扩展到欧美和其他一些国家。他们的研究方法也被人们广泛采用。后来的文化研究走向社区和走向现实生活的趋势大都与这两个特征有明显的关系，或者说以其为基础。

文化研究热的形成和兴起在政治和思想上都有着深刻的背景。在政治上，文化研究的产生与英国的新左派的形成有密切的关系，许多文化研究的奠基人，如威廉斯和斯图亚特霍尔等，同时又是新左派的核心成员。通过他们，新左派在文化问题上的一些重要观点对后来的文化研究产生了深刻的影响。而在思想来源上，文化研究可以上溯到英国文学批评家李维斯（F. R. Leavis）和以他为代表的"细绎"集团。他所开创的文化研究形式又称"李维斯主义"（Leavi-sism）。其目的在于重新分布法国社会学家、当代最有影响的文化理论家皮埃尔·布迪厄（Pierre Bourdieu）所谓的"文化资本"。李维斯从本质上来说是一位具有精英文学思想的新批评家。他的文化研究思想属于现代性的范畴。李维斯认为，现代社会的危机并非存在于经济方面，而主要存在于精神和文化方面，他主张为了拯救现代社会，必须恢复古老的有机社会的价值观念。而这需要借助于伟大的文学艺术作品即经典（canon）的力量。要通过教育和教育制度的力量，促进文学知识的传播，使得载入经典的高雅文学作品能够为更多的读者大众所欣赏。通过提高广大人民群众的文学的、审美的素质和情操，使整个社会形成浓郁的文化氛围，促使人与人之间形成新的交往关系和人际关系。李维斯强烈地批评大众文化缺乏"道德的严肃性"和"审美的价值"。

布迪厄的文化资本理论一问世就引起了文化学家、社会学家的浓厚兴趣。他的文化资本（culture capital）理论是在他关于阶级和文化的关系研究基础上提出来的。布迪厄把社会资本分为经济资本和文化资本。他认为，人们社会地位的高下与经济资本和文化资本的拥有和分布状况相关。所谓文化资本就是指对社会上层文化（high status culture）的熟悉

① 王宁.超越后现代主义.北京：人民文学出版社，2000，22.

和掌握程度，它包括各种符合上层文化的行为、习惯和态度。由于一个社会占统治地位的文化准则是由社会上层所制定和把持的，所以那些能显示上层阶级身份的风格、品位偏好、行为习惯、消费模式乃至整个社会上层阶层的文化，往往就被赋予雍容华贵、高雅经典等标签。布迪厄认为文化资本与阶级之间是一种相互强化的关系。一方面，文化资本是上层阶级的文化，作为上层阶级的象征，它起着标识阶级地位的作用；另一方面，文化资本又起着增强阶级成员相互认同和团结的作用。按照布迪厄的观点，占据统治地位的文化，主流社会的偏爱、品位和语言等会形成新的"惯习"，这些"惯习"对于来自其他文化背景的人来说，会构成一种新的暴力，即符号暴力。利用符号的特殊功能，实施符号统治是文化资本的又一表现形式。符号统治总是伴随着经济统治并强化着经济统治。布迪厄的文化资本理论，对于人们进一步认识文化在社会生活中的重要作用，认识文化资本对于社会阶层分化的意义，是很有启迪的。正是在布迪厄的文化资本理论基础上，才出现了社会资本、道德资本等一系列新的理论研究成果。

20世纪60年代以后，英国的文化研究热潮传到了美国，自此以后，文化研究就成了十分热门的学科。全美至少有200多个文化研究中心和机构。对文化的内涵、基本特征、文化的价值判断标准、文化身份或文化认同、文化与人的关系、文化与社会的关系、精英文化与大众文化问题、文化资本、文化霸权、网络文化、青少年文化、影视制作、大众传播媒体以及应用等问题进行了卓有成效的研究，取得了很大的进展。这些研究成就，都为跨文化交际的研究提供了很扎实的基础。或者可以说，美国的跨文化交际的研究与英国的文化研究热潮是紧密关联着的。

在文化研究的热潮中，后现代性或者说是后现代主义是当代社会文化研究领域中最引人注目的。美国马克思主义学者、杜克大学教授弗·杰姆逊（Fredric Jameson）吸收了卢卡奇关于意识形态的理论，考虑了阿多诺关于马克思主义与弗洛伊德学说的综合，参考了阿尔都塞关于马克思主义与结构主义研究，提出了文化分期的理论。他认为资本主义已经经过了三个阶段，第一是国家资本主义阶段，形成了国家的市场，这是马克思写《资本论》的时代；第二阶段是列宁所论述的垄断资本主义或帝国主义阶段，在这个阶段形成了大英帝国和德意志帝国等；第三阶段则是第二次世界大战以后的资本主义阶段，这一阶段是晚期资本主义或多国化的资本主义阶段。这是一个崭新的与前面各阶段根本不同的新阶段。与这三个阶段相关联的文化也具有了各自的特点。第一阶段的文化和艺术的准则是现实主义的，产生了如巴尔扎克等人的作品。但是随着时间的流逝，类似生物学上的变异现象也在发生，于是，第二阶段就出现了现代主义。而到第三阶段现代主义又成为历史的陈迹，出现了后现代主义。在后现代主义时期，商品化不仅表现于一切物质产品，而且渗透到各个精神领域，甚至理论本身也成为一种商品，人们生活在无边无际的由"商品化"了的广告、电视、录像、电影所构成的形象的汪洋大海中，生活在很大程度上也成了这些形象的模仿和复制。在这样的社会，上层建筑起着前所未有的甚至是决定性的重大作用。多民族、无中心、反权威、叙述化、零散化、无深度概念等则是这一时期文化的主要特征，后现代主义正是对于这些特征的概括。① 杰姆逊认为后现代主义就是晚期资本主义的文化逻辑，而且在某一特定时间地球上只能有一种世界性的制度，现代性具有传统农民仍然占人口多数的特征，而后现代社会则以完成工业化和机械化以及高科技来限定。因此，后现代主义首先是发达的资本主义国家或西方后工业社会的一种文化现象，但是它也可能以变体的形式出现在一些发展中国家内的经济发展不平衡的地区，因为在这些地区既有着西方文化的影响，也有着具有先锋超前意识的第三世界知识分子的创造性接受和转化。后现代主义在某些方面也表现为一种世界观和生活方式。在后现代主义者看来，世界早已经不是一个统一的整体，而呈现出多元价值取向，并显示出断片和非中心的特征，生活在后现代社会的人们的思维观念等不可能是统一的，而必然呈现出多样性，其价值观也无法与现代时期的整体性相比。在文学艺术领域，后现代主义曾是现代主义思潮和运动衰落后西方文学艺术的主流，但是它在很多方面与现代主义既有某种相对的连续性，同时也有着绝对的断裂性。后现代主义还表现为一种叙事风格或话语，其特征是对"宏大的叙事"或"元叙事"的怀疑或对某种无选择或类似无选择技法的崇尚，后现代文本呈现出某种精神分裂式的结构的特征。意义正是在这样的断片式叙述中被消解了。作为一种阐释代码和阅读策略的后现代性并不受时间和空间条件的限制，它不仅可以用来阐释分析西方文学文本，而且也可以用于对第三世界非西方文学文本的阐释。作为与当今的后工业社会和消费社会的启蒙尝试相对立的一种哲学观念，后现代主义实际上同时扮演着有着合法性危机之特征的后启蒙之角色。后现代主义同时也是东方和第三世界国家的批评家用以反对文化殖民主义和语言霸权主义、实现经济上的现代化以及捍卫本民族文化的一种策略，它在某些方面与有着鲜明的对抗性的后殖民文化批评和策略相契合。作为结构主义衰落后的一种批评风尚，后现代主义表现为具有德里达和福柯的后结构主义文学研究色彩的批评话语，它在文化批评和文化研究中占有十分重要的地位。

文化研究中的各种流派和各种观点，都对跨文化交际研究产生着深刻的影响。事实上，在美国的跨文化交际研究中，存在着现代主义与后现代主义、结构主义与解构主义、经验主义与理性主义、文化霸权与文化反霸权等等的分野，无论是在研究内容、研究范围、研究方法以及研究手段等方面都可以发现这种分野。这也导致了美国跨文化交际学科研究的多样性和学派观点的多样性。

---

① 杰姆逊讲演《后现代主义与文化理论》，北京大学出版社 1997 年版，第 6 ~ 7 页

第二节　跨文化交际与文化概念

一、西方学者对文化概念的阐释

全球文化研究热，留下了灿若星辰的诸多关于文化的定义。中国人民大学教授金元浦先生认为："英语中文化的定义有 260 多种，据说是英语词汇中意义最丰富的二三个词之一。"① 根据作者最近的研究和初步的统计 / 发现文化的定义在英语中已经超过了 350 种。随着时代的发展还有继续增加的趋势。

在西方，"文化"一词法语和英语都是 culture，德语为 kulture，都是从拉丁语 cultura 演变而来。拉丁语 cultura 有三个意思：其一，耕种；其二，耕种的作物；其三，转义为精神的表现即文化。总之，文化的概念最初是指土地的开垦以及植物的栽培，是与自然存在的事物相对而言的。例如野生的禾苗不是文化，经过人工栽培出来的稻子、麦子等则为文化；天然的石块不是文化，而经过原始人加工打制成的石刀、石斧等则为文化；天空的雷鸣电闪不是文化，而原始人把它想象为人格化了的神灵则为文化，等等。因此，文化是人类创造的东西，而不是自然存在着的事物。从这一点出发，后来用文化指对人的身体和精神的培养和发展，特别是艺术、道德方面的能力和精神的培养，进而指称人们的生活方式、思维方式以及人们在征服自然和自我发展中所创造的物质财富和精神财富。在古希腊罗马时期，随着人们参加社会生活和政治生活，文化被理解为培养公民参加这些社会生活活动的能力和品质。文艺复兴和启蒙运动的思想家将人文科学从中世纪的神学体系中解放出来，文化才逐渐具有独立的和科学的含义。在近代，日本人把英文的 culture 翻译成文化，后来，我国学者也借用了日本人的译法。

较早地对文化进行过深入研究的是德国古典哲学大师黑格尔（Hegel）。他认为，文化表现了人类内心最深处的性格，便同时也把一个民族与另一个民族分隔开来了。文化是人的思想的一个不可缺少的范畴。每个人都用它来了解自己的经历。它已经成为我们自身的一部分，在宗教、语言、生活中均占有重要地位。每个人都有自己的文化史，都可以进行总结和概述。而且，每个文化都构成一个完整的世界。文化是有机的独特的，不可相互替代，就像人与人不能进行替代一样。黑格尔同时还认为，每一种伟大的文化，其自身内部都蕴藏着毁灭的因素。伟大的美术、文学、音乐、建筑都有一种独自发展的自主倾向。从某种程度上讲，高雅文化脱离了平民百姓的生活，或者说与他们的联系不太密切。因此，那些追求高雅文化的人，尤其是统治阶级同平民的生活便形成了一定的距离。在这里，黑格尔揭示出了文化的几大特点：一是文化与人的关系。指出文化与人的紧密联系性，它是

---

① 金元浦. 定义大众文化. 中华读书报，2001，7.

人作为智慧动物的特征，是人的思想的重要内容，文化是离不开人的，没有人也就没有文化。二是文化的独特性和多样性。不同的人和不同的民族，文化都是不一样的，文化存在着差异性，因其差异性而显示出多样性。三是文化发展过程中的否定性。文化的动态发展推动文化的不断嬗变和更新，呈现出从低级向高级发展的特点和趋势。四是文化类型上存在着作为统治阶级的高雅文化和平民百姓的通俗文化之分，文化在审美趣味上也是充满着差异性和多样性的。

文化的经典定义是 1871 年由英国人类学家爱德华·泰勒（Edward Tylor）在《原始文化》一书中提出来的。他认为："文化乃是人作为社会一分子时所获得的包括知识、信仰、艺术、道德、法律、风俗及其他才能习惯等复杂的整体。"① 由于这一定义对文化的规定只是偏重于知识、信仰、艺术、法律、道德、风俗、习惯等精神方面，因此，对文化的界定是失之偏颇的。后来，美国的一些社会学家、人类学家，如亨根斯、奥格本、维莱等人修正了泰勒的文化定义，他们对人类生活的一切领域和一切活动都从文化的角度去透视，都认为是文化现象。如奥格本在其著作《社会变迁》中，将几乎一切社会现象都视为文化现象，甚至连社会群体、群体关系、社会组织等只有社会本身才具有的参数，都统统归结为文化现象，这样，就势必导致了文化即社会，社会即文化的模糊结论。

法国学者维克多·埃尔在《文化概念》一书中认为，罗梭的《社会契约论》一书关于文化一词的定义是最准确的，即文化是风俗、习惯、特别是舆论。它的特点有：一是铭刻在人们的内心；二是缓慢诞生，但每天都在获得新生力量并取代权威力量；三是能够维持人们的法律意识，激活已经疲软的法律和已经消亡的法律。维克多·埃尔所认可的罗梭的文化概念，与泰勒的文化定义一样，仍然是一个狭义的文化概念，主要指精神文化，对物质文化、政治文化、秤技文化、生态文化等则摒弃在外。

被誉为"当代文化学之父"的美国人类学家克莱德·克拉克洪（Clyde Klukhohn）在 1952 年出版了专门研究文化定义的著作《文化概念与定义评述》，他在书中列举了 150 多种文化定义。在分析比较了各种文化定义的优点和缺点以后，他提出了自己的文化定义："文化是历史上所创造的生存式样的系统，既包括显型式样又包括隐型式样；它具有为整个群体共享的倾向，或是在一定时期中为群体的特定部分所共享。"② 这一定义对于文化的说明虽然揭示出了文化的一些基本特征，如文化与人和人类实践的紧密关联性；文化所体现出的人类的能动创造性；文化所包含的物质和精神的层面性的东西；文化对于人类的共享性等，但是仍然显得过于抽象。同样，这一定义也把诸多文化现象排除在外，导致了文化定义的不完整性。

美国杜克大学教授弗·杰姆逊先生认为："在欧洲语言中，文化起码有三种含义，当然是指'耕耘'、'农作'这一意思之外的三种含义。首先'文化'相当于德语中的

---

① 《不列颠新百科全书》第 8 卷. 北京：商务印书馆，1956，1152.

② A L Kroeber and c. Kluckhohrm Culture：A Critical Review of Concepts andDefinitions. Papers of the Peabody Museum of American Archaeology and Ethnology. Harvard，vol. 47，1952.

Bildung，意即个性的形成，个人的培养。"这是浪漫主义时代的概念，是新兴中产阶级的思想产物。还有就是指文明化了的人类所进行的一切活动，文化与自然是相对的。这第二个概念是人类学意义上的定义，其最明确的表述是由弗兰茨·波瓦斯（Frantz Boas）给出的，我们通常讨论文化也从这个定义入手。但是文化还有第三种含义，即日常生活中的吟诗、绘画、看戏、看电影之类，这种文化和贸易、金钱、工业是相对立的，和日常工作是相对立的。因此，第一种文化是精神、心理方面的，是个人人格形成的因素，而第二种是社会性的，日常的行为举止和生活习惯，是社会形成，第三种则是一种装饰。"① 与克莱德·克拉克洪的文化定义相比，弗·杰姆逊对于文化的说明是很具体形象的，同时，扩大了文化的外延，反映了对文化定义认识的深化。

但是，这一关于文化的说明也存在着诸多问题。首先，他把文化的出现或产生视为文明化了的人类所进行的一切活动，那等于说，在人类跨入文明的门槛之前的一段漫长时间里，人类没有文化可言，文化对于人类来说，经过了从无到有的阶段。如果说只有文明才能派生文化，那就等于说，在人类的文明没有产生以前，文化是不存在的。我们认为，这显然把文明与文化的次序和关系颠倒了。克拉克洪关于文化是与人的实践相联系的说法是正确的。文化实质上就是人化，是与人和人的本质紧密联系，不可分割的。文化体现了人的追求和创造。人类的一切活动都体现了文化。如果说文化是从无到有的，是文明化了的人类所进行的一切活动，这是对文化的狭义上的理解，即把文化理解为人类的书面知识。其实，在人类的书面知识产生以前的很长一段时间里，人类主要靠经验知识生存和发展，人类的经验知识也是文化，因为经验知识可以转化为书面知识。即使是人类早期的经验知识，也是通过文化流传下来的。人类的刻木记事，结绳运算，薪火相传，甲骨文字都体现了人类的伟大创造，反映了人类所创造出来的种种文化现象。其次，把文化视为与日常工作相对立的现象，这种说法仍然是对文化的狭义的理解，固然，日常的吟诗、绘画、看戏、看电影之类是人们的文化活动，它与贸易、金钱和工业相对立。但是，贸易、金钱和工业是物质文化的重要组成部分，离开这些，精神文化就不可能进行下去。将文化与人和人的本质紧密联系起来研究，是 20 世纪 20 年代开始由德国思想家马克斯·舍勒和赫尔穆兹·普列斯纳所从事的。后来，德国哲学家恩斯特·卡西尔把这一研究工作发展到了顶点。他们在人与文化的联系中认识人。认为，人既不完全是理性的人，也不是情感意志的孤独个体，而是理性与非理性的统一。人创造了文化，文化提升了人。这种文化主义的思潮有两个倾向：一是功能主义的理解，即把文化理解为人特有的适应环境的方式，比较注重人的文化创造能力；另一种是结构主义的理解，即把文化看作一种独立自决的系统，认为人的行动是由文化系统或文化结构所决定的，如列维一斯特劳斯的结构人类学、怀特的文化科学和帕森斯的社会系统论等。应该说，只有人才有文化，文化是与人密切联系着的。人是肉体与精神、个体与社会的统一。人与动物的最大区别在于人有情感、理性、意志和创造，而这些都是人所特有的文化因素。因此，文化造就了人，人也造就了文化。

① 杰姆逊. 后现代主义与文化理论. 北京：北京大学出版社，1997，3.

德国哲学家恩斯特·卡西尔（Ernst Cassirer）被西方学术界公认为是他那个时代最重要的哲学家之一。在西方世界影响甚广的《在世哲学家文库》将他与爱因斯坦、罗素、杜威等当代名家相提并论，专门编了一本厚达近千页的《卡西尔的哲学》，作为该文库的第六卷，并在扉页上将其誉为"当代哲学中最德高望重的人物之一，现今思想界具有百科全书知识的一位学者"。从 20 世纪 20 年代开始，恩斯特·卡西尔就殚精竭虑地建构他的"文化哲学体系"。他认为，对人的研究，必须从对人类文化的研究着手，人的本性，并非仅仅如柏拉图所说的那样，是以大写字母印在国家的本性上。与其像亚里士多德那样认为"人是政治的动物"，还不如说"人是文化的动物"。人只有在创造文化的活动中才成为真正意义上的人，也只有在文化活动中，人才能获得真正的自由。因为在卡西尔看来，人并没有什么与生俱来的抽象本质，也没有什么一成不变的永恒人性；人的本质是永远处在制作之中的，它只存在于人不断创造文化的辛勤劳动之中。因此，人性并不是一种实体性的东西，而是人自我塑造的一种过程；真正的人性无非就是人的无限的创造性活动。卡西尔还深刻地论述了人类文化的多样性与统一性的辩证关系。他指出："毫无疑问，人类文化分为各种不同的活动，它们沿着不同的路线进展，追求着不同的目的。如果我们使自己满足于注视这些活动的结果——神话的创作、宗教的仪式与教义、艺术的作品、科学的理论——那么把它们归结为一个公分母似乎就是不可能的。但是，哲学的综合就是意味着完全不同的东西。在这里，我们寻找的不是结果的统一性，而是活动的统一性；不是产品的统一性，而是创造过程的统一性。如果'人性'这个词意味着任何什么东西的话，那么，它就是意味着：尽管在它的各种形式中存在着一切的差别和对立，然而这些形式都是在向着一个共同目标而努力。从长远的观点看，一定能发现一个突出的特征，一个普遍的特征——在这种特征和特性之中所有的形式全都相互一致而和谐起来。如果我们能规定这个特性的话，发散开的射线就可以被集合到一个思想的焦点之中。正如已经指出过的那样，对于人类文化事实的这样一种组织工作，已经在各种特殊科学——语言学，神话与宗教的比较研究，艺术史中开始了。所有这些科学都在努力追求某些原则，追求确定的范畴，以图借助这种原则和范畴把宗教现象、艺术现象、语言现象纳入到一个系统的秩序中去。要是没有这种由诸科学本身早已从事的综合工作，哲学就会没有出发点。然而另一方面，哲学不能就此止步。它必须努力获得一种更大的凝聚力和向心力。在神话想象、宗教信条、语言形式、艺术作品的无限复杂化和多样化现象之中，哲学思维揭示出所有这些创造物据以联结在一起的一种普遍功能的统一性。神话、宗教、艺术、语言，甚至科学，现在都被看成是同一主旋律的众多变奏，而哲学的任务正是要使这种主旋律成为听得出的和听得懂的。"① 卡西尔正确地说明了文化的多样性和统一性问题，而且指出了破解文化的多样性和统一性的方'法论。

美国哈佛大学著名教授塞缪尔·亨廷顿（Samuel P. Huntington）在《再论文明的冲突》一文中说："既然文化是重要的，那么什么是文化呢？卡特教授曾原则性地告诉我们，不

---

① 恩斯特·卡西尔著. 甘阳译. 人论. 上海：上海译文出版社，1986，90 ~ 91.

要陷入因界定概念而争论不休的困境。他是对的,文化的确有很多含义。这里我只提及三点:第一,文化可以指一个社会的产物,即人们所说的社会的高雅文化、艺术、文学、音乐和大众文化或者叫民间文化。第二,人类学者在一个更宽泛的意义上所说的文化,是指一个社会整个的生活方式、社会制度、社会结构、家庭结构以及人们所赋予它们的意义。最后,其他学者,尤其是政治学家,把文化视为某种主观的东西,意味着信仰、价值观、态度、取向、假定、哲学,即一个特定群体的世界观。文化无论被如何界定,村庄、家族、地区、民族和在最宽泛意义上的文明,都有着各自的文化。"[1]亨庭顿对于文化的说明是含糊的。而且在他的论著和论文中,对文化和文明是混同使用的。他在对文明冲突展开论述时,其实,更多的讲的是文化的冲突。他论述文明冲突的核心观点是,在后冷战世界里,人民之间最重要的差异,不是意识形态的、政治的或经济的,而是文化的不同。世界各地的人民和民族正试图回答人类所面临的最基本的问题:"我们是谁?"他们用人类曾经用来回答这个问题的传统方式来回答它,即提到对于他们来说最有意义的事物。人们用祖先、宗教、语言、历史、价值、习俗和体制来界定自己。他们认同的文化群体有:宗教、种族、宗教社团、国家以及在最广泛层面上的文明。21世纪的全球政治正沿着文化或文明的界线形成。因此,我们认为,亨廷顿所说的文明的冲突,其实并不贴切,还不如将其称为文化的冲突更为正确。当然,确实如同亨廷顿所说,文化的概念很复杂,没有必要陷入无休止的对概念的争论之中。但是,我们不能因为文化概念的复杂性就将这一概念宽泛化或者模糊化。必须看到,概念的清晰性和明确性是科学研究的前提条件,也是使理论思维保持正确性和具有严密逻辑性的重要保证。

二、中国学者对文化概念的理解

在中国典籍中,"文"既指文字、文章、文采,又指礼乐制度、法律条文等。早在《易经》中就有"物相杂,故曰文"的说法。《书经·尧典》则称:"经天纬地曰文。"《礼记》中说:"文,彩也、美也、善也。"这里的"文"是相对予自然秩序的野蛮、蒙昧而言的。"化纾是"教化"的意思。《易经》中云:"观乎天文,以察时变;观乎人文,以化成天下。"《周易正义》中对此解释道:"观乎人文以化成天下者,言圣人观察人文,则诗书礼乐之谓,当法此教而化成天下也。"这已经把文化界定为精神意识层面的东西,强调了文化对于人们认识世界、改造世界和进行道德教化所起的重要价值功能。

"文化"一词在中文中最早出现在西汉刘向的《说苑·指武篇》:"圣人之治天下也,先文德而后武力。凡武之兴,为不服也;文化不改,然后加诛。夫下愚不移,纯德之所不能化,而后武力加焉。"后来,晋束皙在《补亡诗·由仪》中说:"文化内辑,武功外悠"。梁昭明太子萧统注日:"言以文化辑和于内,用武德加以外远也。"(昭明文选,卷19。)王融在《三月三日曲水诗序》中写道:"设神理以景俗,敷文化以柔远。"从

---

[1] 李俊清编译. 马克思主义与现实. 2003(1).

这两个最古老的用法上看，中国最早的"文化"概念对应于"武功"，阐明的是"文治和教化"的意思。另外，也包括文物典章、朝政政纪、道德律令以及日常的礼仪习俗和观念体系。

早在五四运动前后，中国学者就对文化展开了热烈讨论。对"文化"一词的界定影响最大的要算梁漱溟先生1920年出版的《东西文化及其哲学》一书。梁漱溟认为，文化乃是"人类生活的样法"。[①] 梁漱溟把人类社会生活的样法分为精神生活、物质生活和社会生活三大内容。在他的视野里，文化是一个包容性非常宽泛的概念。既有精神文化，又有物质文化，还有社会文化。1920年，蔡元培在湖南演讲"何谓文化"，指出"文化是人生发展的状况"，并列举衣食住行、医疗卫生、政治、经济、道德、教育、科学等事项。在他的视野里，文化是一个广义的概念。[②] 1922年，梁启超先生在《什么是文化？》一文中，对文化下了这样一个定义："文化者，心能所开释出来之有价值的共业也。"[③] 梁启超著有《中国文化史目录》，其中包括朝代、种族、政治、法律、教育、交通、国际关系、饮食、服饰、宅居、考工、农事等，可见，在他的心目中文化是一个十分广泛的概念。他的这一观点遭到了许多人的批评。陈独秀在"文化运动与社会运动"一文中说："有一般人并且把政治、实业、交通都拉到文化里面了，我不知道他们因为何种心理看到文化如此广泛，以至于无所不包？若再进一步，连军事也拉进去，那便成了以武化运动了，岂非怪之又怪吗？"因此，陈独秀主张文化"是文学、美术、音乐、哲学、科学这一类的事"。[④] 陈独秀的批评虽然具有一定的道理，但是他把文化仅仅局限在精神文化的范围内，也表现出了局限性。1926年，胡适在《现代评论》上发表了"我们对于西洋近代文眀的态度"一文，指出："第一，文明（civilization）是一个民族应付他的环境的总成绩；第二，文化（culture）是文明所形成的生活的方式。"他把文化仅仅理解为人类的生活方式，显然也具有失之偏颇的特点。

新中国成立以后的很长一段时间内，我国基本上搁置了对文化问题的研究。我国对文化问题的大讨论是在结束了"文化大革命"以后。自20世纪80年代开始，对于文化问题的研究在我国蓬勃兴起。但是对于什么是文化，至今仍是众说纷纭，莫衷一是。

我们认为，文化的内涵极其艰深，外延极其广泛。用系统论方法看，可以把文化视为一个多层次、多序列的复合系统。粗而言之，有大文化、小文化、广义文化、狭义文化之分。广义地说，人类所创造的一切成果，物质成果也好，精神成果也好，都是文化。狭义地说，文化又特指人类所创造的精神产品。文化的内容可分为物质文化、精神文化、制度文化、行为文化、生态文化等。

按照年代来划分，可以分为古代文化、中古文化、近代文化、现代文化、当代文化；有旧石器文化、新石器文化、青铜器文化；采集文化、狩猎文化、农业文化、工业文化、旅游文化、后工业文化等等的区分。

① 梁漱溟. 东西文化及其哲学. 上海：商务印书馆，1929，53.

② 蔡元培. 何谓文化，蔡元培美学文选. 北京：北京大学出版社，1963，113.

③ 梁启超. 什么是文化. 学灯. 1922年12月9日

④ 陈独秀. 独秀文存. 合肥：安徽人民出版社，1987，2.

　　按照地区和民族来分，可分为中国文化、外国文化、东方文化、西方文化。东方文化中还可以划分为印度文化、印支文化、日本文化、朝鲜文化等等。我国古代也曾有仰韶文化、邹鲁文化、三晋文化、燕齐文化、荆楚文化、关陇文化、巴蜀文化、吴越文化等等。

　　按照文化的结构层次分，文化可分为表层文化、中层文化和深层文化。表层文化指一切看得见，摸得着的物质产品和劳动创造物。中层文化指那些人在社会生活中形成的某些制度、组织和人际间关系以及依附于它们的原则、规范等。深层文化则是人们长期积淀下来的社会心理、价值观念、道德规范、思维模式、审美情趣等等。

　　按照性质来划分，文化可以区分为先进文化与落后文化。文化作为人类社会历史发展的产物，从性质上看，存在着先进和落后之分。同时还存在着冠以文化的名义而实质上是反文化的东西。先进文化和落后文化以及反文化的东西是相比较而存在，相斗争而发展的。一部人类社会发展史就是先进文化不断地战胜和代替落后文化的历史。先进的文化是先进的政治和经济的反映，是充分吸纳和体现时代精神，整合人民群众的智慧和才华，符合人类社会发展方向，体现社会生产力发展要求，代表社会成员最根本利益，反映时代发展潮流的文化。先进文化的先进性突出地表现出它具有与时俱进的品格。在不同的历史时期，先进文化有着不同的内容和不同的价值判断标准。先进文化的先进内容和形式是不断丰富和发展的，永远不会停留在一个水平上。先进文化以其巨大的文化力量，反作用于生产力，展示着社会进步的美好前景。除此以外，还可以从其他角度对文化加以界定。总之，可以把文化视为是区别于物质活动的精神活动领域，也是区别于政治的思想上层建筑。

　　在社会的政治、经济和文化三位一体的系统结构中，文化处于最顶端。从广义的角度看，文化泛指人类在社会历史发展进程中创造的物质财富和精神财富的总和。从狭义的角度看，文化又特指人类创造和积淀下来的精神财富方面的一切因素和内容，是包括了科学技术、知识、艺术、信仰、道德、法律、习俗以及作为社会成员的个人所获得的其他任何能力、习惯在内的十分复杂的综合体。人类历史上的先进文化、进步文化、优秀文化、大众文化等积极的文化成果，都是人类追求真善美的结晶。而腐朽文化、反动文化、落后文化都在不同程度上代表了假恶丑的东西。任何民族的文化既表现为该民族的历史已经积淀下的和正在积淀着的以及发展着的民族的精神、意识、道德观念、思想、风习等，又凝结为该民族不断追求真善美的精神产品。文化成了一个民族认同的纽带和社会的依存，成了该民族的本质形成和展开的过程及其产品。

　　在跨文化交际学中，文化是一个涵盖面非常广泛的概念。既包括了广义的文化，又包括了狭义的文化。跨文化交际指的就是具有不同特质的文化之间的沟通和交际。因此，影响跨文化交际的文化因素就包括了一个民族或一个地区的历史传统、国民心理、宗教信仰、道德风尚、风俗习惯、价值观念、社会组织、制度和体系以及社会所处的特定发展阶段等。在跨文化交际过程中，这些文化因素都会自觉或不自觉地表现出来。对这些文化因素的研究也成了跨文化交际研究中的重要内容。

三、跨文化交际学中文化与交际的内在关系

跨文化交际学，从本义而言，是研究跨越民族和地区本土文化而出现的新情况和新问题，以及如何解决这些问题达到不同文化之间有效交际和沟通的学问，跨文化交际学中最基本的研究内容和研究任务是不同文化之间的有效交际。因此，文化与交际这两个概念就成为跨文化交际学中最基本的要素和最核心的概念，是研究跨文化交际理论和从事跨文化交际实践过程中须臾不能离开的两个重要构件。

文化与交际之间的密切关系，使得这两个概念似乎难以孤立地存在。人与其他动物存在着的本质和显著的区别是人类拥有文化。而文化又是通过交际得以形成和不断发展的。因此，交际是文化的一个特有功能。从某种意义上甚至可以说文化即交际，交际即文化。所谓交际，一般是指人们通过言语与非言语媒体以传达知、情、意的相互作用的总称。但不同学科对交际的含义有不同的解释。如日本的辞书和百科辞典中有关交际的定义就达到100多条。其中，比较有代表性的说法有：一是相互作用过程说：主要把交际看作是构成人际关系及社会关系的基础。通过这种交际，可以使人相互发生作用。认为交际是一个理解对方，并被对方理解的过程。它是根据情况的总体的运动而经常发生变化的一种动态过程。二是刺激一反映说：主要是从学习理论的观点加以考虑的。通过刺激一反映的实验方法以达到预期的说服效果。该类型主要是把交际作为社会调节和管理与说服的一种手段。认为交际即对刺激的一种生物体的特定反映。人类的交际是通过言语象征以引起反应的一种过程。三是附加意义说：是在上两种学说的基础上，将作为媒体的记号附加上一定的意义，然后把这种意义传达给对方的一个过程。认为交际即是将某种意义从一个人移到另一个人的过程。是通过选择、创造和传达记号将传达者心中的意图让对方能够知觉的一种过程。四是修辞（逻辑）说：是根据古希腊、罗马时代的古代修辞的观点来加以定义的。认为口头交流是由讲话人、特定语言、目的、听众及讲话的特定时空这五个要素所构成。而现代则进一步将之概括为：行为、情景、行为者、手段、目的等五种因素。这四种关于交际的理论假说，应该说，都是交际的某一方面重要特征的理论分析，都从某一个侧面反映和揭示了交际的属性。这些理论说明，并不存在着相互排斥关系，其实可以综合起来，从一个更全面的角度说明交际的本质内涵。

英国开放大学政治学与社会学教授大卫·赫尔德（David Held）等人在著作《全球大变革——全球化时代的政治、经济与文化》中对文化与交际之间的关系作了这样的阐述："文化就是个人活生生的、有创造性的经历，就是人工制品（artefacts）、文本（texts）和实物（objects）等构成的主体：它包括了有关艺术的专门化和专业化话语、文化产业的商品化产出、对日常生活的自发的和无组织的文化表述，当然还包括它们之间的复杂互动。在这种情况下，文化交流指的是这些人工制品、信息和信念的时空运动方式。反过来，它也能够被分解成许多不连续的过程。信息（messages）和意义（meanings）必须被记录、保

存和复制，同时，它们又必须在物理上被传递或移动到另外的地点或另外的时间。因此，交往就要求有储存和运输的载体，要求有使那种储存和运输得以实行的制度，还要求有接受的载体等。"[①] 他们揭示了文化与交际之间相互依赖和不可分割的关系，阐明了文化通过交际而发生运动的基本特点，对人们认识文化与交际的关系是富有启迪的。

在跨文化交际学的理论体系中，我们认为，文化是砖，跨文化交际学的理论大厦就是在文化之砖的基础上构筑起来的。不深入了解文化的内涵、本质以及类型，就无法了解跨文化交际的深刻含义、跨文化交际学的本质特征以及最基本的规律，也就既不能有效地推进跨文化交际的学科建设，又不能在跨文化交际学的理论指导下，推动跨文化交际实践的发展。而跨文化交际的落脚点是不同文化之间的有效交际，交际就成为沟通或者连接不同文化之间的纽带和桥梁。跨文化交际作为动态的过程，其内在动因就在于，交际促进了文化的发展，文化的发展又推动着交际向深度和广度发展。文化与交际之间的互动，促进跨文化交际学科内容的丰富和研究的深入进行。

世界上文化的多样性、差异性和一致性等既对立又统一的现象，是通过跨文化交际而表现出来的。没有跨文化交际也就无法发现不同民族、不同国家和不同地区之间文化的差异性和一致性的方面。跨文化交际过程就是显示和验证文化的多样性和统一性的过程。如果仍然将文化作为跨文化交际学之砖来打比喻的话，那么，交际就是将砖连接在跨文化交际理论大厦上面的水泥，是跨文化交际学不可缺少的重要材料。

在跨文化交际学的研究中，文化和交际构成了两个最基本，也是最重要的范畴。抓住了跨文化交际学中的文化与交际这两个核心概念，也就能够正确地把握跨文化交际的学科性质、研究对象、研究范围等最基本的问题，能够正确地将跨文化交际学与其他学科，如与文化学、交际学、人类学、信息传播学、社会心理学、教育学等学科有效地既区分开来，又联系起来，从而保证跨文化交际学研究的科学性、有效性、规范性和深刻性。总之，在跨文化交际学的理论研究和实际运用过程中，文化与交际是紧密联系而不可分割开来的。在跨文化交际学中，文化因为交际而从抽象的、静态的和不可捉摸的东西而成为具体的、可以感知的和动态可变的东西。交际也因为文化而从具体的、可感知的东西发展成为抽象的、深刻的、反映事物本质和规律的理性层面的东西。

文化与交际的不可分割性的关系，要求在跨文化交际过程中，必须始终注意潜藏在交际全过程中的文化因素，以提高跨文化交际的成功率。在跨文化交际中，由于参与交际的人来自不同的文化背景，他们在思维方式、价值观念、说话规则、词汇的社会内涵等方面都有着明显的差异，对同一信息可能会出现"见仁见智"的不同理解，如果固执己见，就会在跨文化交际中产生误解，发生文化方面的冲撞，导致交际失败。这种现象，英国语言学家 Thomas 在 1983 年首次将其称为"语用失误（pragmatic failures）"。他给语用失误下定义为"听话人不能从说话人的话语中理解其真正用意"，语用失误不是指遣词造句中出现的语言运用错误，即不是语法结构导致的词不达意，而是说话不合时宜的错误或说话

---

① 赫尔德等著. 全球大变革——全球化时代的政治、经济与文化. 北京：社会科学文献出版社，2001.

方式不妥、表达不合习惯等导致交际不能取得预期效果的失误。背后隐藏着的是文化的失误。他还将语用失误分为两类：语言语用失误（pragmalinguistic failure）和社交语用失误（sociapragmatic failure）。语言语用失误是指所说的英语不符合英语本族人的习惯，误用了其他表达方式，或不懂英语正确的表达方式，按母语的习惯套人英语中去。社交语用失误指不了解或忽视双方的社会文化背景而出现的语言表达失误。对这些失误现象，只有上升到文化的层面加以分析，才能找到其真正的原因，从而能够在跨文化交际中有效地避免这些失误。

第三节 文化全球化与跨文化交际的互动

一、文化全球化对跨文化交际的影响

我们已经迎来了一个异彩纷呈的全球化时代。作为网络交际工具的国际互联网络以其巨大的信息容量和无限延伸的触角，已经将全球一网打尽。现代交通和通信技术的空前发达，跨国界交往的空前频繁，都显示了英国著名学者吉顿斯先生所说的全球化使时间和空间压缩这句话的真理性。与此同时，文化创新的速度、多元文化交往的频度以及相互之间协调和沟通的程度都是历史上从来没有过的。在全球化和文化全球化时代，现代真正意义上，或者说是全世界意义上的跨文化交际的大格局才得以形成，换言之，全球化和文化全球化才促成了现代真正意义上的跨文化交际。因此，当代的全球化和文化全球化已经与跨文化交际存在着无法割舍的紧密联系。对于全球化和文化全球化，无论是就对其概念的解读，还是内容的学理分析都成了真正的跨国研究，或者说是一种真正的跨国界的理论。换言之，跨文化交际本身构成了全球化和文化全球化的题中应有之义，全球化和文化全球化也内在地蕴涵着跨文化交际，跨文化交际进一步促进着全球化和文化全球化。全球化特别是文化全球化，又推动着跨文化交际从深度和广度两个方向发展。

在西方，全球化这一概念被比较普遍地接受和广泛地使用，只不过是最近 20 多年的时间。而在中国，人们普遍接受和使用全球化这一概念，更不过是从 20 世纪 90 年代中期才开始的事情。进入新世纪，全球化这一概念才在中国广泛地使用。中国社会科学院前副院长、著名学者李慎之先生生前曾经这样感慨地说，当他在 1992 年纪念哥伦布远航美洲五百周年的会议上提出全球化已经开始的时候，"全球化对中国人来说还是个陌生的概念，不过几年，这个词儿已经是中国无所不晓，无所不知的流行词了"。[①] 无论是报纸、广播还是电视，全球化已经成为当今中国使用频率最高的一个词。

根据西方学者大卫·赫尔德（David Held）和安东尼·麦克格鲁（Anthony Mcgrew）的研究，

---

① 太平洋学报. 2002, 3.

全球化（globalization）词，在西方是从 20 世纪 60 和 70 年代才开始被运用的，[①] 但是直到美国学者提奥多尔·莱维（又译提奥多尔·拉维特）（Theodre Levitt：）于 1985 年进一步具体使用全球化这一词来分析世界经济发生的巨大变化后，全球化才在西方学术界得到普遍的议论。提奥多尔·莱维在《哈佛商报》上发表的一篇名为"市场全球化"的文章中，用"全球化"这一概念来描绘此前 20 多年之间国际经济发生的巨大变化。即"商品、服务、资本和技术在世界性生产、消费和投资领域中的扩散"。他认为，全球化只是涉及国际贸易，特别是跨国公司的全球化管理以及它们在世界各地建立工厂并销售自己的产品的能力问题。根据他的看法，全球化意味着市场的融合，意味着商品和生产要素的跨国界流动，意味着跨国公司可以在全球任何地方以同一方式生产和销售自己的产品，从而出现各国经济活动的高度关联性，世界经济的整体性与一体化空前突出。按照国际货币基金组织的定义，"全球化是指跨国商品与服务交易及国际资本流动规模和形式的增加，以及技术的广泛迅速传播使世界各国经济的相互依赖性增强。"[②] 美国福特基金会总裁认为："这个术语（全球化）反映了一个比以往发生的更全面的相互作用，这表明了'全球化'有别于'国际'一词。它暗示了国家边界重要性的缩小和超越那些植根于某一特定地区或国家的各种特性的加强。"[③]

全球化和文化全球化作为一种客观的和十分复杂的世界历史进程，本身就内在地蕴涵着跨文化交际，并且是全球跨文化交际深入进行的结果。全球化和文化全球化反映的是全世界多元文化在多样性和统一性双向的对立统一矛盾运动中发展的趋势。由文化的多元化和一体化所构成的全球化的基本矛盾运动既是推动全球化发展的内在动力，也是全球化进程的主线。全球化包含着各个民族和国家之间的相互依存性日益增强的趋势，昭示着任何民族、任何国家和任何地区的文化，都不可能保持自己的封闭性、单一性和优越性的哲理，但同时也预示着日益增强相互依存的各个民族国家为了他们的特定利益，必然会首先通过文化价值观的宣传和交锋，而展开越来越激烈的文化竞争的趋势，即在全球化和文化全球化的进程中会出现文化多样性与文化的民族性或本土性相互交织、相互作用的趋势。这种复奢的文化现象，国外有的学者称之为全球化中的地方主义现象（global localism）。这是由在全球化和文化全球化时代，跨文化交际现象和发展规律的复杂多样性决定的。

二、跨文化交际在文化全球化中呈现出的基本特征

在全球化和文化全球化进程中所进行的跨文化交际，与处于前全球化时代即自然经济状态下的比较原始和初级阶段的跨文化交际相比，会显现出一个比较奇特的现象，那就是

---

① 大卫·赫尔德和安东尼·麦克格鲁编. 全球大变革读本. David Held and Antho—ny Mcgrew, GloMl Transformations Reader，Cambridge：Polity Press 2000，1.

② 国际货币基金组织编制. 世界经济展望. 北京：中国金融出版社，1997，45.

③ ［美］詹姆斯·H·米特尔曼著. 刘得手译. 全球化综合征. 北京：新华出版社，2002.

文化的全球，即文化的多元与开放，与文化的本土，即文化的一元与封闭的矛盾运动，或者说是全球化和文化全球化所促成的文化的集中、聚合、趋同、依存的状态或趋势，即可以称为文化的一体化的趋势，与全球化和文化全球化中的文化的分散、离异、冲突、摩擦的状态和趋势，即文化的多元化趋势之间的相互作用。美国学者欧阳桢在《传统未来的来临：全球化的想象》一文中说：全球化"可以用来指称一种更为复杂的现象，这一现象中全球和本土不是那么对立地作为两极并列在一起，相互排斥的因素相互融合或共存：奥尔布罗用一个贴切的短语，把它们称为'相悖的二元性'（Paradoxical dualities）。'全球化是一个矛盾的过程'，罗纳德·阿克斯特曼写道，它'推动着把世界设想为一个地方的全球意识的展现'，而与此同时，'存在着维护地方自治、本土主义和本土认同的强大压力'。斯图亚特·霍尔坚持认为：'我们通常所说的全球化，绝不是这样一种事物，它以系统的方式创造着相似性，把一切事物卷入其中，实际上它努力超越了特殊性，超越了特定的空间、特殊的种族特点，努力完成了对特殊认同的动员。'霍尔断定：'因此本土和全球之间始终有一种对立，一种延续不断的对立。"全球化'的第二种模式既包含全球，也包含本土，我打算把它转化为名词'glocalization'，而把那种洞悉全球与本土辩证关系的思想称为'glocalism'。撇开本土来强调全球及撇开全球来强调本土都忽视了它们所包含的辩证的现实。"① 全球化，特别是文化全球化绝不是社会制度和多元文化的同质化，更不等于美国化，或者说是美国要化全球。全球化或者说文化全球化绝不可能导致文化的单一化，事实上，在目前多元文化并存的世界里，没有哪一种文化有力量消解或者吞并其他文化。

全球多元文化并存和相互作用的趋势是文化全球化的特有景观，它使世界相互依赖、普遍联系的图景越来越明晰。在文化全球化时代，多元文化之间通过相互交流出现多样性嬗变的节律越来越快。正如英国伦敦罗汉姆普顿学院社会科学研究教授马丁·阿尔布劳（Martin Albrow）在《全球时代》一书中所说："全球性强化了对不同文化的表达方式、对不同音调、不同风格和不同乐调间的种种关系的精心探测和利用，这些关系一直在'并列'、'融合'和'求同存异'等状态之间摇摆。这些状态是一些比喻性的说法。它们比喻的是生活在一个多元文化世界中的情形，同时，它也表明：在一个总是力图体现和平的必要性并力图为实现和平再造条件的框架中，人的经验范围能有多大。"② "是世界的多重化（multiplication）和多样化（diversification），而不是同质化或杂交化更好地表现了在全球化条件下占主导地位的文化关系形式。"③ 同时，全球化和文化全球化的发展迎来了文化价值观的多样化、文化研究的领域越来越宽广，文化越来越走向繁荣的新时代。这也会导致跨文化交际学科研究对象的更加复杂多样性、研究范围的更加广阔性、研究内容的更加丰富性和研究方法的更加科学性，使跨文化交际无论是理论研究方面，还是实践运用方面都会出现更加生动的景象。

---

① 王宁，薛晓源. 全球化与后殖民批评. 北京：中央编译出版社，1998，69～70.

② 马丁·阿尔布劳. 全球时代——超越现代性之外的国家和社会. 上海：商务印书馆，2001，233.

③ 马丁·阿尔布劳. 全球时代——超越现代性之外的国家和社会. 上海：商务印书馆，2001，233.

三、文化全球化的理论根据和事实根据

全球化既是一个充满着价值色彩的概念，同时又是一个具有整体性的概念。但是，在国内外方兴未艾的关于全球化的大讨论中，人们的视野和兴奋点似乎偏重于对全球化的价值中立的分析，聚焦于全球化在经济领域的表现，或者说，热衷于对经济全球化的谈论。往往回避、无视或者很少谈论文化的全球化、政治的全球化等问题。在跨文化交际的研究中，对文化全球化概念和文化全球化现象的故意回避或者完全拒斥，既不利于跨文化交际这门学科理论研究的深入和实践的运用，也不利于对全球化概念的正确理解。

之所以要对全球化作整体性理解，是因为社会本身是作为一个有机联系的整体而存在和发展的。社会系统中的各种要素都是相互关联着的。在社会的整体结构中，经济、政治和文化三者是紧密结合，不可分割的。讨论经济全球化，就无法回避和无视文化全球化以及政治全球化问题。只要从社会本身的客观事实出发，从全球化发生和发展的本真面貌出发，人们就根本没有理由将文化全球化和政治全球化等概念和现象置之不理。人类社会作为一个由经济基础和上层建筑所组成的有机体，是一个完整的结构体系，而不会是残缺不全的。就拿文化和经济来说，人们对于两者的联姻只存在着是认识的自觉性还是自发性的问题，而不存在着两者是不是联姻或者能不能联姻的问题。从经济和文化的紧密联姻来看，经济全球化必然蕴涵着文化的全球化，或者说，文化全球化是经济全球化的伴生物和题中应有之义。

马克思以及他以后的许多具有高瞻远瞩眼光的思想家，他们对社会的认识从来都是从整体系统的高度进行的，由于采取了这样的视野。他们的认识才达到了全面性的程度。按照马克思的看法，社会生产从来都是全面的生产，即既包括物质生活资料的生产，又包括精神文化的生产，还包括人自身的生产。用马克思的社会全面生产理论作为方法论，可以发现，经济全球化绝不是一个孤立的经济运行过程，而是一个与文化全球化同时发生和发展的过程。经济与文化本身就存在着天然的割不断的联系。人类在从事物质生活资料生产的同时，总是会进行着精神文化方面的生产。马克思和恩格斯早就明确指出："思想、观念、意识的生产最初是直接与人们的物质活动，与人们的物质交往，与现实生活的语言交织在一起的。观念、思维、人们的精神交往在这里还是人们物质关系的直接产物。表现在某一民族的政治、法律、道德、宗教、形而上学等的语言中的精神生产也是这样。人们是自己的观念、思想等等的生产者"[①]马克思一方面肯定历史进程的决定性因素归根到底是现实生活中的生产和再生产；另一方面，马克思也给文化和其他参与交互作用的因素以应有的重视，肯定了包括文化在内的上层建筑对经济基础的能动反作用。马克思还认为，由于人类需要的不断递进上升性而导致的社会生产的能动性，使得"各个单独的个人才能摆脱各种不同的民族局限和地域局限，而同整个世界的生产（包括精神的生产）发生实际联

---

① 马克思恩格斯选集. 北京：人民出版社，1972：30.

系，并且可能有力量来利用全球的这种全面生产（人们所创造的一切）。"① 在这里，马克思明确地指出了两种全球化的共时性：一是整个世界物质生产的全球化，即现代话语的经济全球化，构成了推动全球化发展的物质动因；二是整个世界精神生产的全球化，即我们所说的文化全球化，构成了推动全球化发展的强大精神动因。全球性的全面生产就是物质生产和精神生产的统一，全球化就是经济全球化与文化全球化的协调和互动过程。

由于人类社会是作为一个整体而存在着和发展着的，其生存方式既有普遍性的特点，又有特殊性的特点。这两类特点决定了不同地区、不同民族、不同国家发生交往、沟通的必要性和可能性。马克思和恩格斯在论述交往和生产力的关系时指出："某一个地方创造出来的生产力，特别是发明，在往后的发展中是否会失传，取决于交往扩展的情况。当交往只限于毗邻地区的时候，每一种发明在每一个地方都必须重新开始。"② 而人类的交往从来都是全面的，既有物质经济方面的交往，又有精神文化等方面的交往。而且所有这些交往都不是孤立地进行的，都是相互渗透的，出现你中有我，我中有你的态势。人类的实践从本质上说都是开放的，不同的民族、不同的地区通过实践所产生的交往关系古已有之，因此，全球化具有古老而悠久的历史源头。

从全球化的时空范围、规模程度、技术手段以及持久状况等内容综合起来考察，可以将全球化划分为初级阶段的全球化、中级阶段的全球化和高级阶段的全球化等三个不同的阶段。

全球工业革命以前，人类经济尚处于农业社会和前农业社会时期，由于生产关系的狭窄和交通、通讯的不发达所造成的交往面的狭小与交往深度的肤浅，跨文化交际更处于初始阶段，可将其称为全球化的初级阶段。

以英国工业革命为标志所带来的全球资本主义生产方式占统治地位，交通和通讯的大发展，哥伦布发现新大陆，资本主义海外市场的日益拓宽，促进了历史向世界历史的转变，标志着全球化无论是从广度还是从深度都进入了一个新阶段，可以称为是中级阶段的全球化。

现代意义上的即高级阶段的全球化是第二次世界大战以后出现的新事物，是在现代交通技术和互联网络技术的快速发展状态中完成的。它展示的是全球政治、经济和文化发展的关联性、互动性和整体系统性的崭新图景。在现代生产力、科学技术以及交通和通信技术长足进步的基础上，各国的经济活动越来越超出自己固有的边界区域，向国际和全球的范围扩展，以寻找适当的位置进行最佳配置。市场经济内在规律的作用，使资本流动、劳动力市场、社会分工和合作、信息传递、原料供应、组织管理等出现国际化的趋势，呈现出全球经济相互依存和相互作用的格局。

在社会全面生产规律作用下所形成的全球化浪潮不是偶然发生的，而是由全球政治、经济、文化发展的内在规律所决定的，是一个不以人们的意志为转移的必然趋势和自然历

---

① 马克思恩格斯选集. 北京：人民出版社，1972：42.

② 马克思恩格斯选集. 北京：人民出版社，1972：60.

史过程。正如马克思和恩格斯所指出的："各个相互影响的活动范围在这个发展进程中愈来愈扩大，各民族的原始闭关自守状态则由于日益完善的生产方式、交往以及因此自发地发展起来的各民族之间的分工而消灭得愈来愈彻底，历史也就在愈来愈大的程度上成为全世界的历史。""历史向世界历史的转变，不是'自我意识'、宇宙精神或者某个形而上学怪影的某种抽象行为，而是纯粹物质的、可以通过经验确定的事实，每一个过着实际生活的、需要吃、喝、穿的个人都可以证明这一事实。"①

全球化展示了各国经济、政治和文化独特性中隐含着普遍性，相对静止性和相对闭塞性中潜伏着开放性和流变性以及交融性和互补性。当物质生活资料的生产和精神文化方面的生产已经不能局限于和满足于地区、民族和国家的疆域界限时，全球化就要同时从物质和精神文化等方面展开。马克思认为，真正意义上的全球化的帷幕是由资本主义生产方式揭开的。只有资本主义生产方式，才促进了"历史向世界历史的转变"。"它首次开创了世界历史，因为它使每个文明国家以及这些国家中的每一个人的需要的满足都依赖于整个世界，因为它消灭了以往自然形成的各国的孤立状态。"②"资产阶级，由于一切生产工具的迅速改进，由于交通的极其便利，把一切民族甚至最野蛮的民族都卷到文明中来了。"③马克思在这里指明了资本主义生产方式带来了经济全球化的同时造成了文化的全球化。

对于全球化在经济和文化两个方面同时展开的现象以及将会对全球带来的深刻影响，马克思和恩格斯还在《共产党宣言》中作了十分精辟和透彻的论述："资产阶级，由于开拓了世界市场，使一切国家的生产和消费都成为世界性的了。不管反动派怎样惋惜，资产阶级还是挖掉了工业脚下的民族基础。古老的民族工业被消灭了，并且每天都还在被消灭。它们被新的工业排挤掉了，新的工业的建立已经成为一切文明民族的生命攸关的问题，这些工业所加工的，已经不是本地的原料，而是来自极其遥远的地区的原料；它们的产品不仅供本国消费，而且同时供世界各地消费。旧的、靠国产品来满足的需要，被新的、要靠极其遥远的国家和地带的产品来满足的需要所代替了。过去那种地方的和民族的自给自足和闭关自守状态，被各民族的各方面的互相往来和各方面的互相依赖所代替了。物质的生产是如此，精神的生产也是如此。各民族的精神产品成了公共的财产。民族的片面性和局限性日益成为不可能，于是由许多种民族的和地方的文学形成了一种世界的文学。"④

马克思和恩格斯在这里用经济和文化相互关联和相互作用的原理，揭示了经济全球化与文化全球化相伴随的过程。阐明了经济基础决定上层建筑，而文化作为上层建筑，又能动地反映和反作用于经济基础的唯物史观的基本思想。如果我们不是断章取义地理解马克思和恩格斯的这段话，只看到他们所说的"使一切国家的生产和消费成为世界性的"（经济全球化），忽视他们所说的"精神的生产也是如此"，"各民族的精神产品成了公共的

---

① 马克思恩格斯选集. 北京：人民出版社，1972：51～52.

② 马克思恩格斯选集. 北京：人民出版社，1972：67.

③ 马克思恩格斯选集. 北京：人民出版社，1972：255.

④ 马克思恩格斯选集. 北京：人民出版社，1972：254～255.

财产"，"许多种民族和地方的文学形成了一种世界的文学"（文化全球化），那么，就不会将全球化的两个层面，即将经济全球化和文化全球化人为地分割开来，只承认前者而否定后者。

从经济全球化命题本身来说，其实就蕴涵着文化全球化的命题。因为经济全球化并不是单纯的经济扩张现象，它必然会导致文化的全球化。经济与文化是一个彼此关联、互相依存和不可分离的有机系统。经济与文化的紧密联姻以及一体化是一个客观的和必然的现象。经济的背后是文化，甚至可以这么说，任何经济现象都可以从文化的层面加以透视，并且也只有从文化的层面加以透视，才能更加清楚地说明经济现象。任何从事经济活动的组织都既是经济实体，同时又是文化实体，既肩负着经济职能，又肩负着文化职能。任何从事经济活动的主体——人，都既是经济人，又是文化人，其文化价值观贯穿于经济活动的全过程，决定着经济活动的效率和质量。

现代社会，文化的作用越来越重要了。对于文化在全球竞争中的作用，美国哈佛大学著名教授塞缪尔·亨廷顿（Samuel P. Hun-tington）在其主编的《文化的重要作用——价值观如何影响人类进步》一书的前言中说："关于文化在人世间的地位，最明智的说法或许就是丹尼尔·帕特里克·莫伊尼汉的两句话：'保守地说，真理的中心在于，对一个社会的成功起决定作用的，是文化，而不是政治。开明地说，真理的中心在于，政治可以改变文化，使文化免于沉沦。'"①塞缪尔·亨廷顿的这番话，其实已经道出了文化作为软实力（SoftPower）在社会进步中的重大作用。

从最初的话语权的角度来看，文化作为"软实力"的概念是由美国哈佛大学教授小约瑟夫·奈（Joseph s. Nye. Jr）提出来的。小约瑟夫·奈是哈佛大学肯尼迪政府学院院长，曾出任美国克林顿政府的国家情报委员会主席及助理国防部长等职务。1990年，他分别在《政治学季刊》和《外交政策》杂志上发表《变化中的世界力量的本质》和《软实力》等一系列论文，并在此基础上出版了（中译本《美国定能领导世界吗》一书，提出了文化"软实力"的概念。他在2004年出版的《软实力——世界政治中的制胜之道》书中，对他的学说作了较为全面、完整的阐释。小约瑟夫·奈指出，一个国家的综合国力既包括由经济、科技、军事实力等表现出来的"硬实力"，也包括以文化和意识形态吸引力体现出来的"软实力"。在一个国家的整体竞争力中，硬实力和软实力依然重要，但是在信息时代，软实力正变得比以往更为突出。持这种观点的还有美国对外关系理事会亚洲区专家伊丽莎白·伊科诺米（Elizabeth Economy）。他认为，人们经常将软实力与投资、经济发展联系起来，这显然是错误的，软实力其实应该将它定义为文化、教育和外交。确实这样，在现代社会，物质产品中的文化含量和文化附加值越来越高。购买产品就是购买文化。经济组织之间的竞争越来越归结为文化的竞争。文化已经成为经济组织的名片和身份证，反映文化竞争力量的文化力已经成为核心竞争力。谁重视文化，舍得在文化上投入，谁就能在竞争中掌握优势。

---

① 塞缪尔·亨廷顿. 文化的重要作用——价值观如何影响人类进步. 北京：新华出版社，2002，3.

正是文化在经济和社会生活中的巨大作用，使文化本身也成了一门产业，即文化产业。文化产业的提法，更加突出了文化与经济之间的紧密联姻。文化产业，国外称为文化工业，国内通常不用这一说法，而称为文化产业。文化产业是西方进入工业资本主义社会后的一种新的社会现象，是伴随着全球范围内工业化和现代化而产生和发展起来的，是一个集中代表现代经济、社会和文化发展的全球性的新兴产业，是指从事文化产品生产和提供文化服务的经营性行业。主要包括文艺演出业、电影电视业、图书音像业、文化娱乐业、文化旅游业、艺术培训业、艺术品经营业、教育产业、媒体产业、体育产业、健康产业和休闲产业等。文化产业的多样性的分化，也使跨文化交际领域呈现出宽广性的景象。

经济全球化本身蕴涵着文化全球化的另一事实是，经济发展的意义往往会在文化上表现出来。现代科学技术特别是高科技的迅猛发展，既体现了经济成就，又有着深刻的文化意蕴，它是物质功能和文化功能的统一。一方面，科学技术本身是文化的一个有机组成部分和其赖以生存和发展的基础。一个时代和一个地区的文化水平与其科技水平往往具有正相关性。总体而言，科学技术衰微的时代文化上难以有灿烂辉煌的局面，科学技术落后的地区文化上也会落后。因为只有发达的科学技术才能提供更多的生活资料，才能加大对教育、体育和文化艺术的投入，使人文环境得到优化，使从事文化产品的生产者队伍增加，形成浓郁的文化氛围，促使科学技术的发展。中国自从明清之际开始，科学技术逐渐落后于欧洲，文化上也自然落后了。西方的工业革命促进科学技术的飞速发展，与此同时，呼唤着人文精神和科学理性，要求人的主体性和民主法治精神，反对封建的等级制和对人性的压抑，促进了当时的先进文化的大发展，民主意识、法治意识、契约意识、人权意识、平等意识等深入人心。而中国古代科学技术和文化的辉煌已成为过眼云烟和灿烂的落日余晖。在西方先进的科学技术和文化价值观的冲击和渗透下，中国传统文化价值观的板块结构因为新的文化因素的融合而逐渐变形。另一方面，科学技术会引起人类社会生活各个领域的广泛而深刻的变革，对社会的经济、政治、文化发展予以巨大的乃至划时代的影响。科学技术会潜移默化地演化为一种文化形态，冲击或者更新着以往的文化传统。在欧洲的中世纪，宗教神学占主导地位，它内化为人们的观念，成为人们最重要的价值观。在其主宰下，对上帝的信仰代替了对科学的信仰。到了文艺复兴时期，欧洲出现了一批杰出的科学家和思想家。恩格斯为此讴歌道："这是一次人类从来没有经历过的最伟大、进步的变革，是一个需要巨人而且产生了巨人——在思维能力、热情和性格方面，在多才多艺和学识渊博方面的巨人的时代。给现代资产阶级统治打下基础的人物，决不受资产阶级的局限。相反的，成为时代特征的冒险精神，或多或少地推动了这些人物。那时，差不多没有一个著名人物不曾作过长途的旅行，不会说四五种语言，不在几个专业上放射出光芒。莱奥纳多·达·芬奇不仅是大画家，而且也是大数学家、力学家和工程师，他在物理学的各种不同部门中都有重要的发现。阿尔勃莱希特·丢勒是画家、铜板雕刻家、雕刻家、建筑师，此外还发明了一种筑城学体系，这种筑城学体系，已经包含了一些在很久以后被蒙塔郎贝尔和近代德国筑城学重又采用的观念。马基雅弗利是政治家、历史学家、诗人，同时又是第一个值得一提的近代军事著作家。路德不但扫清了教会这个奥吉亚斯的牛圈，而且也扫清了德国语言这个奥吉亚斯的牛圈，创造了现代德国散文，并且撰作了成为16世纪《马赛曲》的充满胜利信心的赞美诗的词和曲。"① 文艺复兴作为一场席卷西欧的文化运动，尽管最初是以复兴古代文明的面貌出现的，但它很快就超越了仅仅复兴古代文明的含义。它预言并准、备了一个新时代的到来，为了迎接这个新时代的到来，它做出了思想和知识方面的巨大准备。文艺复兴时代这些文化巨匠创造的诸多文学、艺术、哲学、自然科学成就，有的已是当今难以超越的里程碑；文艺复兴时期确立的自然科学研究的基本方法，大部分直到今天仍被广泛地运用；在人文知识和哲学领域，人文主义者所倡导的人本主义精神，也成为人类永久的精神财富。文艺复兴运动开拓了人们的视野，增长了人们的知识，解放了人们的头脑。自由的精神，科学的精神，乐观的精神，成为西欧人的基本的精神面貌。文艺复兴对欧洲的封建制度、封建精神以及教会的愚民政策和野蛮压迫给予了强大的冲击和摧毁。文艺复兴运动对于后来的启蒙运动以及整个资产阶级文化起着巨大的启迪作用。在其后的几个世纪里，它一直是资产阶级的核心观念"自由"、"平等"、"博爱"必然要回溯的精神源泉。

以互联网络（Internet）为标志的信息高速公路所造成的全球信息革命，实质上是广泛的全球文化革命。网络冲破了一个个区域文化的城堡和壁垒，将各民族的本土文化贯通和串联起来，使整个世界日益成为一个紧密联系的整体，促使多元文化的交流、沟通和融合，使区域文化资源汇聚成人类共享共有的资源，推进着文化全球化的步伐。没有哪一个国家、民族和地区能够游离于文化全球化的海洋，没有哪一种文化价值观不与其他文化价值观交流、对话、沟通和融合。网络还造就了一种新的文化形态——网络文化，与传统意义上的文化不同，网络文化以国际计算机互联网络为载体，拥有自己独立的技术语言和时空状态，具有全新的沟通方式和独特的生存状态，对人们的交往方式、行为方式、思维方式、情感方式以及伦理观念都产生了深刻的影响。比尔·盖茨（Bill Gates）说："因特网将改变一切"。他还说："信息高速公路将打破国界，并有可能推动一种世界文化的发展，或至少推动一种文化活动、文化价值观的共享。"② 因此，在经济与文化这一难以割舍的脐带面前，离开文化片面地谈论经济，离开文化的全球化片面地谈论经济全球化，显然是失之偏颇的。

文化全球化作为不可阻挡的历史潮流的事实，还由文化自身的特点所决定。各民族文化都有着自己赖以生存和发展的根基与土壤，必然都具有地域性、本土性、特殊性和相对静止性的特点。中国（东亚）文化、印度（南亚）文化、西方文化、阿拉伯文化、拉丁美洲文化、俄罗斯文化、非洲文化等相互区别开来的根据，就在于它们都具有各自的地域范围和适用主体。由这些文化忠实地记录下各民族的性格特征和历史发展的轨迹。各民族文化一旦放弃了传统所形成的各种形式，也就放弃了历史，失去了进一步发展的基础和条件。与此同时，文化又有着普遍性、动态性、渗透性和扩张性的特点，文化虽然总要通过历史

---

① 马克思恩格斯选集. 北京：人民出版社，1972：3，445～446.

② 比尔·盖获准. 未来之路. 北京：北京大学出版社，1996，327.

的具体的形式表现出来，但是，它作为人类在改造世界的对象性活动中所表现出来的人的本质、力量、尺度的方面及其成果，又概括了不同民族和不同的文化系统中都不可或缺的共同因素，任何文化不管形式如何独特、内容如何多样，都是一定生产方式和一定社会形态基础上的文化，任何形式多样的大大小小的文化系统都从属于人类文化的母系统，有着作为文化的最一般特点，具有通约性和双向对流性。这双重特点决定了任何民族的文化都是静态与动态的统一，都既是单一的，又是多样的，既是民族的，又是世界的。任何民族文化的本土性其实也只具有相对的意义。今天，地球一村，人类一家的状况和趋势越来越明显，文化全球化已成为不可遏止的浪潮。

文化全球化发展的历程，就是各个国家和各个地区的文化随着社会的发展而变动的过程，在经济全球化的同时，各民族本土文化都能以更加开放的态势与异域文化进行积极的对话，在相互交流中补益和发展自身，全球多元文化呈现出统一性与多样性，普遍性与独特性并行不悖的格局。文化全球化带来的绝不是文化的封闭性，而是文化的开放性；不是文化的单一性，而是文化的多样性；不是文化的孤立性，而是文化的交融性；不是文化的萎缩性，而是文化的繁荣性；不是文化的退步性，而是文化的进步性。例如，人类对全球性问题的反思，即对那些威胁人类的生存和发展，决定人类共同的命运，而且只有依靠全人类的共同努力才能解决的当今世界的一些重大问题的反思，如对生态环境问题、人口爆炸问题、能源短缺问题、毒品泛滥问题、种族纠纷问题、宗教冲突问题、国际恐怖主义问题、核扩散问题、战争威胁问题、邪教猖獗问题、腐败滋生问题等重大问题的反思，促使人类共同的文化价值观的形成；对文明、健康、科学的生活方式的推崇和倡导，促使生活方式的变革和创新；对多元文化交流和沟通的重要性的认识，促使不同文化体系间的自觉交流和对话以及在此基础上的世界文化的整合和建构，使得具有人类共性的文化样式逐渐确立并成为全球自觉遵循的范式和惯例。总之，文化封闭状态的不复存在，多元文化的相互依存和发展，民族文化的特殊性与世界文化的普遍性并存共进，构成了文化全球化的有机内容。由此可见，文化全球化决不能理解为全球文化的同化或"西化"，它展示的恰恰是全球多元文化并存、互动和相互建构的异彩纷呈的景象。"随着文化全球化的发展，世界一方面变得越来越相似，另一方面又变得差别越来越大。用理查德·维尔克的话说就是：我们不会变得完全相同，但我们会越来越多地用这样的方式来表现和沟通相互之间的区别，这些方式相互类似，其意义可以跨越边界得到普遍理解。'新的全球文化体系正在产生并扩大差别，而不是遏制差别，但这些差别是一种特殊的差别。它们的统治地位不涉及内容，而涉及形式。全球的各种结构都在形成差异，而不是再生产统一。换句话说，尽管不同的文化依然相互区别并发生变异，但它们是日益以一种极为统一的方式相互区别的。他们发生变异的维度更加有限更容易从不同的角度把握。换言之，我们不会变得相同，但是会用一种普遍接受和理解的方式展现、表达和沟通我们的区别。从这种意义上看，文化全球化的统治地位在普遍区别的各种结构中得到表现，这些区别突出地方主义的特殊性，同时遏制、抹平和排除其他的特殊性。全球文化体系是一部普遍的法典，然而其目的不是普遍的同化；恰恰相反，它是区别、界限和冲突的表现。因此，区域、种族和民族恰好不是全球文化的反对因素和反抗形式，相反，它们是全球文化的本质构成和表达形式。如富斯科所说，知识界关于他人和外国人的话语在这种全球文化体系内部发挥作用，而不是表现为某种外在的批判。'"①

现代真正意义上的跨文化交际是文化全球化的结果。因此，只有将跨文化交际自觉地置于文化全球化的视野里和语境中加以考察，才能更深刻地认识跨文化交际的一系列根本性问题：如为什么跨文化交际的实质是多元文化之间的互动，而不是文化的单一性和同质性？跨文化交际为什么必须坚持多元文化之间的平等性和互补性？跨文化交际中为什么要同时反对民族文化中心主义和民族文化虚无主义等两种错误倾向？为什么要构建文化的全球与本土之间的调适机制？大学外语教学为什么要适应文化全球化的态势进行改革？如何在文化全球化的新形势下提高跨文化交际能力？这些问题都是文化全球化带来的新问题。

不少人之所以害怕提文化全球化，还与他们在全球化以及文化全球化的理解上存在一些认识误区有关。将文化全球化视为文化的一体化或同质化，是认识误区之一。拒绝使用文化全球化概念的人担心，承认文化全球化，会放纵和鼓励文化竞争中的弱肉强食主义。其结果就是默许或鼓励那些经济上和文化传播上的弱势民族放弃自己具有特色的本土文化，由目前经济上和文化传播上处于强势地位的外来文化来吞并和同化自己，最终结局是今后世界文化的园地，各民族多样性的文化会被一种统一的文化所代替。不管这种强势文化是先进还是落后，是否反映全球人民的意志和愿望，是否代表时代前进的方向。其实这种担心是多余的。全球化，不管是经济全球化还是文化全球化，并不等于全球一体化和同质化，一体化和同质化指的是体制、机制和内容上的完全同一，是具有质的差异性的事物失去自己的特殊性，是多样性被单一性所取代。全球化则是指全球政治、经济和文化呈现出的相互影响、相互制约、相互交流和融合的过程。全球化的结果，并不意味着世界趋同（至少在阶级和国家消灭之前的相当一段时间内），而只会出现各个民族和国家在充分的交流、沟通、合作中发展壮大自身，全球政治、经济和文化在多样性中存在统一性，在统一性中蕴含多样性。另外，还应该看到，文化全球化与经济全球化是具有显著差异的。经济全球化意味着世界范围内各国和各地经济日益融合成一个整体，按照市场经济要求保证生产要素的自由流动和合理配置，出现国别经济、民族经济和区域经济不断超越自身的边界界限而向全世界流动的趋势。文化从其具体性而言都是独特的，它作为一个民族在长期的历史发展过程中积淀下来的社会心理、价值观念、道德规范、思维模式、审美情趣等，并不是由经济单一方面的因素所决定的，还要受制于该民族的政治法律制度、宗教、哲学等因素的影响。人民对文化具有选择性、建构性和解构性。即使一个国家在经济上强大，在文化传播技术上也先进，如果它所创造的文化在内容上落后，没有发展前途，不能代表最广大人民群众的根本利益，在向外传播过程中也会遭到接受者的强烈的抵制和拒斥的。人民是文化接受的主体，他们对外来文化总是会有选择地接受和理解的。事实上，目前在

① 乌·贝克，哈贝马斯等著. 全球化与政治. 北京；中央编译出版社，2000：63～64.

全世界还没有哪一种文化具有强大的力量来同化多样性的全球文化。就目前和未来很长一段时间来看，全球多元文化并存的格局，展示在人们面前的只能是文化的多样性和丰富性，出现这样的文化多极化局面，即出现以西方文化为中心的欧美文化极，以中国和日本为中心的东亚文化极，以印度文化为中心的南亚文化极，以伊斯兰为中心的中东与北非文化极等多极并存，而且相互作用的局面。总之，在目前乃至以后很长一段时间内，全球不可能有哪一极单独力量能够完成统一全球各种文化的使命。

将文化全球化视为文化"西化"或者视为"美国化"，是文化全球化理解上的又一思维误区。人们对历史上发生的"欧洲文化中心论"和现代某些人高呼的"美国文化中心论"记忆犹新，心有恐惧。在第二次世界大战以前，欧洲文化作为一种主流意识形态伴随其经济和军事上的强大力量在非洲、美洲、亚洲以及全世界各地广泛传播。严重地冲击和摧毁当地人民的民族文化，使保存了上千年的阿兹提克文明古迹、印第安历史文献遭到毁灭，玛雅人的原有文明遭到破坏，使殖民地和半殖民地人民痛苦地处于被迫接受欧洲文化的阶段。表现出了强烈的欧洲文化中心主义和文化霸权主义。第二次世界大战结束，欧洲文化中心地位开始衰微，而美国文化伴随经济、科技和军事的高速发展而勃兴。美国接过了文化中心主义和文化霸权主义的大旗，他们在输出商品的同时，又输出大量的文化产品，传播他们的生活方式和价值观念。美国学者罗斯科普夫就直言不讳地声称美国是世界上唯一仅存的军事霸权国家，也是世界上唯一仅存的信息霸权国家，美国应该利用信息时代的工具向全世界推行其价值观。美国所采用的粗暴的文化侵略的做法，越来越遭到全世界人民的抵制。马来西亚领导人告诫人们，要对文化霸权主义予以足够的重视，他认为，全球化会使人们接触到各种不同的文化，"但它也导致西方文化中最肮脏、最无价值、最颓废的东西在非西方社会泛滥成灾，使本土文化岌岌可危。一些国家的本土文化很有可能消亡，或被西方文化取而代之。"① 因此在全球文化更加走向多元化，在美国文化价值观已经越来越表现出致命缺点的今天，文化的西方化和美国化只能是某些人的一厢情愿的主观愿望而已。文化的多极化和多样性的存在是文化全球化的实质。

正是因为文化全球化会带来文化多样性并存以及多样性文化通过交流而繁荣的格局，因此，文化全球化决不会因导致文化的单一性、简单性，而使跨文化交际学科没有存在下去的必要。相反，文化全球化给跨文化交际带来了新的发展机遇。文化全球化提出的一系列新课题和新的交际现象，成了需要跨文化交际深入加以研究的新的经验材料，必将推动这门学科走向更大的发展境地。

---

① 马来西亚副总理巴达维. 全球化的风险及前景. 参考消息. 2000：26.

第六章　文化全球化下文化的冲突与融合

全球化从文化的视角看是人类社会的整体化、互联化和依存性。整体化就是指全世界作为同一个社会整体而存在；互联化是指世界上所有的国家、民族和地区在信息、交往、利益等方面的普遍相关性；依存性是指国际合作和协调已成为全世界任何国家和地区发展的基础和前提。但是，全球化并不意味着全世界的趋同，而是全世界在发展过程中的一种普遍相关性。有的学者认为，随着全球在经济、文化方面交流的日益加强，世界在经济运行机制、经济活动规范、价值评价标准等方面越来越具有文化共性和一致性，由此就形成了一种"全球文化"，产生了"全球人"，最终将导致大同世界的建成。这种观点带有较大的片面性和空想色彩。因为在经济上形成共同的活动规范和统一的运行机制是可以行得通的，但在政治文化、道德方面形成共同的标准和样式从目前来看则是不可能的。此外，在伊斯兰教文化、基督教文化、佛教文化和中国传统文化之间，也会不可避免地在一定程度上产生价值观念上的冲突，并且它们之间的碰撞和冲突还会存在相当长的一个时期。

第一节　全球化下文化的冲突

有文化就会有文化冲突。文化的存在决定了文化冲突的存在。在世界诸多文化中，每种文化都具有各自的特性，各种文化之间都存在着差异。正是由于文化的多样性和多元性导致了文化冲突的发生。当具有不同特性的文化相互发生关系时，也就产生了文化冲突。在西方，公元前63年，罗马帝国攻占了耶路撒冷，灭亡了巴勒斯坦的犹太国家，从那时起，罗马文化和犹太文化发生了长达几个世纪的冲突。在中国，从公元1世纪开始，佛教开始传入中国，佛教文化同中国的传统文化也发生了冲突，延续了很长时间。近代中国自鸦片战争以来，传统文化受到西方文化的强烈冲击，在中国近代史上产生了重要的影响。但随着全球化过程的加快，世界上文化的冲突程度和规模都将是前所未有的。

塞缪尔·亨廷顿在《文明的冲突》中认为，世界已经进入到一个新的阶段，新世界冲突的根源不再侧重于意识形态或经济，而主要来自于不同族群的文化。全球政治的冲突将发生在不同文化的群体之间，主要是发生在"西方文化"和"非西方文化"（如儒家文化伊斯兰文化等）之间。亨廷顿从广义文化的角度分析了文明的冲突形成的原因，对于我们认识世界文化的互动确有一定的启示。西方文化与中国传统文化各有其优点，也各有其缺陷，不存在孰优孰劣的问题。如果抱着一种西方文化中心主义的观点，必然会认为西方文化优于中国传统文化，中西文化冲突的结果是西方文化战胜中国传统文化。如果国人持一种民族主义的观点，必然会认为西方文化一无是处，而中西文化冲突的结果是中国传统文化必然战胜西方文化。

随着科学技术的进步，信息革命的兴起，经济全球化步伐的加快，西方文化与中国文化产生的接触和交流也就多起来，两者由于各自有着不同的特征，它们之间的差异也就暴露出来，从而引起了两者的冲突。当今的中国文化不能仅仅归结为中国的传统文化，特别是不能只归结为儒家文化，它在发展中综合了历史悠久的中国古代传统文化，也包括了20世纪以来发展起来的有中国特色的社会主义文化，构成了一个复杂的文化系统。当然，西方文化近几十年来也发生了较大的变化，它在基督教文化的基础上，综合了近代以来发展起来的资本主义文化，逐渐成为在世界上具有重要影响的庞大的文化体系。在全球化不断发展的今天，中西方文化频繁交流的今天，两种文化的相互对立、相互斗争有时会比较尖锐，由此便会引发冲突。

第二节　全球化下文化的融合

从人类文明史上看，各个国家、各个民族、各个地区的文化在形成和发展中，彼此冲突、碰撞，同时也相互汲取、融汇。现在的西方文化，就是由多种文化交汇、融合的产物，它绝不是什么封闭的文化体系。作为西方文化的核心内容的基督教，就是亚洲、非洲和欧洲三大洲几种文化的融通、交汇和整合的产物。作为东亚文化的重要组成部分的儒家学说，在形成和发展中也综合、融汇了儒、释、道百家文化的思想，成为一种丰富的文化体系。日本文化是比较成功地融合其他文化的一个范例。日本是一个文化认同感很强的民族，它十分注意发扬、保存自己的文化传统，同时也注意接受其他文化中的优点。它融合了儒家文化、佛教文化和西方文化的一些方面。

基于这种理解，文化的融合是完全可能的。因为在当今全球化不断发展的世界上，各个国家、各个民族、各个地区的交流与合作越来越频繁，它们之间的文化方面的接触和交往也越来越多。文化的融合体现了差异文化之间的同一性，同一性不仅会促成和谐，使其能够在相互依存中得到发展，还会积聚力量，使差异的文化可以互相利用、互相吸取有利于自身的因素发展，正是这种同一性规定着事物发展的基本趋势。所以，多元文化的冲突与融合在世界文化发展中的作用在于，它把矛盾着的方面联结起来，使"事物处于相对稳定状态，提供矛盾双方得以存在和发展的条件，从而孕育着扬弃旧的矛盾的条件"。

中国从20世纪80年代以来，实行对外开放政策，对文化采取了一种积极地吸收和借鉴的态度，深刻反思了那种闭关自守做法，对于迎接中国加入世界贸易组织，主动顺应全球化的潮流，正确认识文化的冲突，促进中外文化的沟通、交融，有着很大的推动作用。

在全球化浪潮迎面而来的今天，中国文化必须面向世界，走与世界文化融会贯通的道路，把民族化同世界化统一起来，促进中国文化的现代转型，使中国文化为全人类的文化做出卓越的贡献。

第七章　文化全球化与跨文化交际中的文化整合

在经济全球化的迅猛发展势头带动下，依托科学技术的不断革新和网络文化的快速发展，文化全球化正在以愈来愈快的速度消除整个地球村人类的空间界限，从而使得知识信息得以更快更好地自由流动。截至目前，各种文化在全球范围内进行广泛交流和不断整合变得愈来愈普遍。

在正确审视中西文化、了解并掌握中西方文化差异的基础上，积极建构现代文化形态、进而实现文化的整合与发展，是全球化背景下成功进行跨文化交际活动的需要。

第一节　中西文化的差异

受地理环境、历史发展以及由此而产生的独特社会哲学和民族性格的影响，中西方在文化方面存在很大差异。依据美国跨文化交际研究学者 Larry A. Samovar 等人所著的 Communication Between Cultures 一书，现主要探讨中西方文化在语言、时间和空间概念、交际领域三个方面的差异。

一、语言差异

语言是人类沟通的工具，是文化的载体，同时又是文化的一个重要组成部分。由于有不同的社会制度、地理环境和自然经济，中西方人们的生活方式和思维方法不尽相同，因而在语言表达上就存在差异，这种差异尤其体现在词汇——这一语言基本要素的文化意蕴有很大不同。

很多在中国文化中具有贬义的词，在西方文化中却可能是褒义词。如"ambition"一词在中国意味着"野心"，但在美国更多地被用来表达"进取心"。一些表达颜色的词汇为不同语言和文化共有，但它们的文化内涵却截然不同。如，在西方，人们经常用"blue"来表示沮丧、消沉或下流，但在中国，"蓝色"通常表示肃穆，淫猥、下流的意思通常用"黄色"来表示。又如，由于中、英两国的地理位置不同，当西风吹起来的时候，英国正是春天来临、万物复苏的季节，但在中国，却正是天气变冷、树木凋零的寒秋。因此，中、英两个国家的人们对于"西风"（"west wind"）所产生的联想是截然不同的。

二、时间和空间概念差异

人们如何对待时间和空间以及如何使用时间和空间，也是中西方文化差异明显的一个方面。

中国人根据自己对昼夜更替、人的生老病死等周期轮换归纳出时间自身复归的观念（时间是不停运动的圆）。受这种圆式时间观念影响，中国人生活在一个传统导向的社会，对未来没有像对过去那样感兴趣，循规蹈矩已成为一种集体无意识。

此外，中国人的"准时"、"守约"观念也与西方不同，"不见不散"是在朋友交往中经常使用的字眼。然而，受线性时间观的影响，美国人把时间看成伸向未来的路。美国人从小就学会严肃地对待时间，他们必须准时，赴约会要"恰到好处"，太早或迟到太久，都被视为很无礼的表现。

在中国文化中，人们习惯于通过筑墙来保护自己。以墙为界，内外有别。大至闭门锁国，小至人际间层层设防，久而久之便会缺乏豁达大度的性格和胸怀。与崇尚围墙的中国文化形成鲜明对照，美国人习惯了用空间来维护自己的领域，对空间极端崇尚、高度敏感，不经允许，绝不进入别人的领地。德国人对于空间的敏感更甚于美国人。

三、交际领域差异

在中国和西方国家，人们热衷的交际领域有所不同。中国社会被称为是一个"人情社会"，大多数人热衷于大搞私人交际，所谓"朋友多了好办事"、"朝里有人好做官"就是指一定要广交朋友。私人之间的互相走动被认为是极其必要且必需的。但在西方国家，人与人之间更多的交往发生在学习、工作和集体活动领域。

第二节　中西文化差异对跨文化交际的影响

不同的民族有不同的文化，各民族的文化既有个性又有共性。共性为跨文化交际提供依据和保障，个性却构成跨文化交际的障碍。

一、文化差异影响跨文化交际中信息的获得

在中国文化中，"龙"具有至尊至上的色彩，例如古代皇帝就被称之为"真龙天子"。现代人亦把能干、有作为的人称为"龙"。但在英、美等西方国家，"龙"是凶残的古怪野兽，食人且制造水火灾害，所以西方人对"龙"绝无好感。在中西跨文化交际中，这一文化差异必然影响西方人对于"望子成龙"、"龙凤呈祥"等跟"龙"有关的信息的获得。

二、文化信息误导跨文化交际中信息的获得

讲不同语言的人具有不同的民族心理，而这种文化差异会使他们有时在交际中获得错误的信息。例如，汉语中与"狗"有关的语句大多含有贬义，如"走狗"、"狗眼看人低"等。但西方人对"狗"却情有独钟，认为"狗"是人类忠实的朋友。因此，英语中一些与"狗"有关的语句大多含有褒义，如"You are a lucky dog"。当英国人想向对方表达一种羡慕的心情而对中国人说这句话时，很大的可能性，并不会引起中国人的好感，甚至可能造成很大的误会。

三、文化差异造成跨文化交际障碍

中西文化差异导致人们对同一事物的思辨、推理方式不尽一致，从而使得交际双方容易发生交际障碍。例如，当一个英国人愤怒地对一个中国人说"You chicken"时，这个中国人或许很困惑：对方既然夸自己像小鸡一样可爱，但为什么却表现得那么生气？ 在英语中，"chicken"用来比喻"懦夫，胆小鬼"，但在汉语里却没有这种比喻。此外，社会制度的不同也是交际障碍形成的原因。随着中国经济、政治、文化的发展，出现了很多具有中国特色的词语。在跨文化交际中，不熟悉中国国情的西方人士就会因此而感到信息传递方面存在障碍。

第三节　全球化背景下的文化整合

中西文化差异是一种不可回避的客观现象。但在经济全球化迅猛发展的今天，人类的交往空间不断扩大；不同文化形态相互渗透、交融，在更加明显地凸显其差异的同时，也将推动人类文化在一个新的层面超越当前所面临的分裂和冲突进行整合。

一、树立文化主体意识

在全球范围内进行文化整合，首先应积极树立本民族主体文化意识，努力维护和保持自己民族的文化特色与个性，积极宣传并发扬本民族优秀文化传统。

二、坚持文化的开放性并保持警惕

在全球范围内进行文化整合，就是要对外来优秀、先进文化持开放的态度，在理解的基础上逐渐吸收，做到"洋为中用"。但与此同时，在通讯异常发达的今天，对于西方的文化渗透活动，应时刻保持警惕。

三、坚持求同存异、多元共存

中西方人们尽管肤色、语言、生活习惯等方面存在很大差异，但从本质和实践诸方面来说，人之为人，具有共同性的一面。例如，真、善、美和假、恶、丑等标准的价值尺度对各民族都具有普适性。因此，在全球范围内进行文化整合，就是要积极寻求中西文化的共同之处，并使其优化融合。此外，中西方文化差异客观存在，在理性认识其差异性的基础上，应该尊重其他民族对文化价值观的选择及对民族文化个性的保留。求同存异、多元共存，是在全球范围内进行文化整合应遵循的原则。

四、秉承优化原则

在全球范围内进行文化整合，不是对各种文化做简单的"加、减法"，而应该秉承优化原则，经过分析批判和辩证的综合，建立一种既有民族特色又体现时代精神的新文化。

中西方文化存在明显差异，但二者都是人类文化发展的客观历程，不能说谁优谁劣。因此，中西文化应该互相学习、互相促进，在树立文化主体意识的基础上，做到既大胆地吸收和借鉴其他进步、科学的文化，又坚决抵制外来文化中反动、谬误、污秽的东西。实践证明，人类跨文化交际活动越深入和紧密，人们之间存在着的共同的思想认识就会越多，这构成了文化整合的前提条件。因此，在跨文化交际实践中，要积极进行文化整合，努力做到求同存异、多元共存、不断创新；既要正视中西文化存在差异的客观事实，又要积极推进文化整合，减少信息顺利传递的障碍，从而提高跨文化交际效率、成功进行跨文化交际活动。

如一些学者所描述的那样，所谓文化整合就是文化主体对多元文化的比较、批判、选择和吸纳，其目的是建设新的文化，其实质就是对不同价值观的抉择、融会、创新的过程。

参考文献

[1]B. 库玛. 文化全球化与语言教育 [M]. 北京：北京语言大学出版社，2017.

[2]STEVEJ.KULICH 顾力行，MICHALEH.PROSSER 主编. 跨文化视角下的中国人交际与传播 [M]. 上海：上海外语教育出版社，2007.

[3] 陈杰，王欣. 跨文化视域下的美国研究 [M]. 成都：四川大学出版社，2016.

[4] 戴晓东，顾力行. 跨文化交际与传播中的身份认同理论视角与情境建构 1[M]. 上海：上海外语教育出版社，2010.

[5] 戴晓东. 跨文化交际理论 [M]. 上海：上海外语教育出版社，2011.

[6] 方芳. 全球化语境下的文化翻译审视 [M]. 长春：吉林大学出版社，2019.

[7] 高永晨. 文化全球化态势下的跨文化交际研究 [M]. 南京：东南大学出版社，2006.

[8] 顾嘉祖. 跨文化交际外国语言文学中的隐蔽文化 [M]. 南京：南京师范大学出版社，2000.

[9] 郭坤. 全球化背景下大学英语跨文化教学研究 [M]. 成都：电子科技大学出版社，2017.

[10] 贾玉新. 跨文化交际理论探讨与实践 [M]. 上海：上海外语教育出版社，2012.

[11] 李清源，魏晓红. 中美文化与交际 [M]. 上海：复旦大学出版社，2012.

[12] 孙洪斌. 文化全球化研究 [M]. 成都：四川大学出版社，2009.

[13] 汪玥月. 英语教学与跨文化交际 [M]. 长春：吉林大学出版社，2016.

[14] 王明利. 跨文化交际专题研究 [M]. 天津：南开大学出版社，2012.

[15] 张国涛. 传播文化全球化与本土化 [M]. 北京：中国传媒大学出版社，2010.

[16] 张华. 文化与全球化 [M]. 济南：山东大学出版社，2019.

[17] 张全. 全球化语境下的跨文化翻译研究 [M]. 昆明：云南大学出版社，2010.